CULTURAL AND CREATIVE INDUSTRIES

苏文菁 著

文化创意产业

理论与实务
Theory and Practice

社会科学文献出版社
SOCIAL SCIENCES ACADEMIC PRESS (CHINA)

序　言

文化创意产业是工业革命后期的产物。人类自从走出非洲大陆、散居于地球上的各块陆域、创造出适应不同环境的文化以来，在数万年的时光里，文化作为一个族群区别于另一个族群，或者说，文化作为人类在地球上各种创造物的总称，历史极其漫长，几乎与人类的定居历史一样久远。文化成为产业的一类，是工业文明时代的事情；文化产业演化为文化创意产业，则是工业社会后期的事情。

由文化到文化产业进而到文化创意产业的迭代，需要技术路径的变化，更需要人类情感上对现状的不满足。从这个层面看，文化产业的发生是人们普遍在物质需求上获得基本的满足，进而诉求精神满足、需要"逃离现实"之后。

本书包括5章，第一章从时间维度上考察从"文化"到"文化产业"以及"文化创意产业"的历程。从历史的发展过程看，人类在工业革命中所创造的"技术"是文化产业产生的土壤与载体，因此，技术成为文化产业以及文化创意产业的重要载体。而从"文化产业"到"文化创意产业"的实质仅仅是文化产业向不同的"技术领域"的渗透，并借由不同的技术形式将其文化内核展现出来，在此意义上，文化创意产业更像是一次又一次的"跨界"。自然，"跨界"之所以能够实现，文化创意产业的主体——人即创意者形成了一个群体是最基本的条件。在此，本书赋予"跨界"三个不同层面的内涵：第一，向新的技术、新的行业渗透；第二，赋予传统的文化内容以新的时代精神；第三，挖掘、发现尚未被发现的新资源，包括最新的科学"假说"和"猜想"。在此三个层面的内涵中，新技术与文化产业的关系最为重要，因此产生了从标准化技术到标准化文化产品的问题，这也是近代以来以欧洲为主导的全球化趋势之下，非工业化国家文化产业面临的巨大压力。不同的国家对"文化创意产业"有着不同的理解与在此理解上的"实务"。在现阶段的中国，这个问题尤为突出。

为此，本书第二章专门讲述中国历史文化资源与文化创意的资本问题。今天，文化具有资本的属性已经是不争的事实。在全球化时代，如何逃离"欧洲文化中心论"，寻找本民族文化的资源与传统是文化创意产业最为重要的立场。我们认为在此层面上，文化产业的从业者与学界并无异议。但是，就如何看待中国传统文化的丰富性、多样性是本书着力讨论的。本书认为，中华文化的丰富与多样无疑是现阶段中国文化创意产业的本土资源，是讲好中国故事的基本素材，正因为如此，地方性知识、地方性文化资源有了独特的意义与价值。

对于文化创意产业从业人员来说，人类历史上所创造的所有文化遗产都是我们的创意资源。一个民族的共同记忆、人类共同价值的形成，均源于我们对经典的持续性的，且具有不同时代特征的解读。因此，本书第三章从文化产品"接受者"与文化产品的时代性以及文化产品"创造者"三个层面来讨论。作为产业，市场接受度是检验产品成败的唯一标准，对产品接受者的了解与尊重无疑是产品研发的重要前提。时代精神是帮助我们了解接受者甚至引导接受者的重要依据，在此基础上有必要重新审视文化创意产业从业人员与管理人员的基本素质。

我们在思考影响文化创意产业的诸多因素时，始终认为对人类的终极关怀、对"我是谁"的回答才是文化创意产业最重要的内核；从这个角度看，在人类未知领域中苦苦探求的科学家与文化创意产业的从业者二者非常相似。我们可以"借"祖先的、外国人的已知故事来承载我们的思考，也可以"借"未知的外星人来表达我们的忧思，这倒成了文化创意产业的优势了。我们看到，200多年来，一方面是工业革命与技术发展的高歌猛进，另一方面则是文化产业的从业者利用各种技术载体不断表达忧思。直到今天，以最新的技术手段表达人们对技术无节制发展的反思与批评，俨然已成为西方文化创意产业的一个"母题"了。在中国，一方面由于工业化进程的不平衡，另一方面更由于文化产业领域中技术载体与内容的严重脱离，跟随最前沿的科学理论或因应技术发展而形成的文化创意产业较为薄弱。近年来，随着刘慈欣的科幻小说《三体》获得有世界科幻文坛最高荣誉之称的雨果奖最佳长篇小说奖（2015年）[1]，郝景芳的科幻小说《北京折叠》荣获雨果奖最佳中短篇小说奖（2016年）[2]，以及2019年春节，根据刘慈欣小说改编的科幻电影《流浪地球》的热播，中国的文化创意产业开始崭露头角。

说起文化创意产业，迪士尼乐园无疑是一个最为成功的范本。迪士尼公司创始人华特·迪士尼先生深谙西方传统文化，通过对童话故事、文学经典的改编和继承，紧紧扣住"童话"单纯、清晰的主题，以各种技术载体"不断重复"文明社会所倡导的"善良战胜邪恶""光明战胜黑暗"的信条，历数十年而不变。在此基础上，一方面，陪伴着一代人成长的是"电影—电视—音乐—游戏—玩具—主题乐园"等线上线下相结合的文化产业链，使他们在不同的年龄段都有着"重返迪士尼"的理由与冲动；另一方面，隔三岔五地，迪士尼公司总要创造出引领又一代人的新"形象"，从米老

---

[1] 郭爽：《中国小说〈三体〉获科幻最高荣誉雨果奖》，《新华每日电讯》2015年8月24日，第2版。
[2] 《中国作家郝景芳凭科幻小说〈北京折叠〉获雨果奖》，新民网，http://shanghai.xinmin.cn/msrx/2016/08/21/30350513.html，2016年8月21日。

鼠、白雪公主到爱莎。不管是看《米老鼠》长大的，还是看《玩具总动员》长大的人，都可以从不同的影剧院走出来，玩着不同的迪士尼玩具和游戏，欣赏不同的迪士尼书籍和音乐，最后，他们都可以齐聚迪士尼乐园。与时俱进、及时吸纳运用各种技术载体是迪士尼公司保持文化魅力的技术支撑。世界动画电影史上第一部有声动画、彩色动画、长篇动画电影均出自迪士尼公司。从米老鼠的诞生到规模庞大的迪士尼娱乐王国，迪士尼公司始终是前沿技术的拥抱者。适应市场规律、不断调整经营策略是迪士尼乐园成功的经营之道。迪士尼公司在商业上的成功有诸多经验，就算游戏开发受到外界的批评，但它也充分表现出迪士尼公司在市场上的灵活性。本书的第四章就以迪士尼公司的发展为主题分析文化创意产业的发展。

　　本书的第五章关注的是文化创意产业的集聚与地区发展。城市无疑是人才、资金、信息与技术的集聚地，以城市为保存文化、传承文化与激活文化的空间几乎是文化创意产业发展的必然。今天，联合国教科文组织所推广的文化项目无疑是全球文化产业的重要风向标。继"世界遗产保护""非物质文化遗产保护"之后，联合国教科文组织于21世纪初推出了"全球创意城市网络"（Creative Cities Network）的评选。这是在新的历史条件下，联合国教科文组织保护多样性文化的新动向：以城市为场域，达到保护文化的多样性与发展文化产业的双赢。被列入"全球创意城市网络"，意味着该城市在国际化中保持和发扬自身特色的工作得到承认。这种对个体城市历史文化与产业的彰显无疑将在文化创意产业发展中占据核心地位。中国根据自身国情，结合文化创意城市理念，提出乡村振兴战略。就本书的逻辑而言，从文化资源的个案分析到对迪士尼帝国的解读，再到文化产业园的集聚以及"全球创意城市网络"准入城市的建设，梳理出一条合乎事物正向发展的线索。

　　文化创意产业是一个立体、复合的体系。"文化创意产业"既是工业社会关乎意识形态的理论体系，又是能够在社会经济活动中实实在在发挥作用的产业体系。当今，中国受资助的文化创意产业与市场化的文化创意产业无法截然区分，在相关领域，政府资助与市场资本往往在一个共同的项目中结合，因此必须强调在当代中国文化创意产业的双重属性——文化传承与市场价值二者缺一不可。本书的副书名"理论与实务"正是基于对文化创意产业双重体系的理解。同时，基于文化创意产业与工业社会的其他产业一样都是欧美工业发达经济体的"舶来品"，源于欧美后工业时代的文化创意产业体系在中国的实践也同样存在"理论与实务"的不协调。文化的基本属性之一就是"在地性"，如果说工业与技术存在欧美工业社会所确立的"标准"的话，后发的工业社会就以模仿复制欧美工业社会的标准为标准，且模仿得越精确越好。但是，文化创意产业则不同，特别是内容产业，是以民族化、在地化为核心与灵魂的，故本书强调本土文化资源在文化创意产业中的重要地位，希望有志于文化创意事业的人们自觉成为本土文化的代言人，这在今天的中国尤为重要。

是为序。

苏文菁
2020 年 5 月 10 日

目 录

第一章 文化创意产业的发展与繁荣 …… 1
- 第一节 文化与文化产业 …… 3
- 第二节 从文化产业到文化创意产业 …… 11
- 第三节 工业革命前的文化创意活动 …… 21
- 第四节 文化产业的发展历程 …… 25

第二章 中国历史文化资源与文化创意产业 …… 39
- 第一节 全球化带来的文化主体困境 …… 39
- 第二节 文化创意产业的内容 …… 47
- 第三节 文化创意的本土文化资源 …… 53
- 第四节 文化的经济价值实现 …… 59
- 第五节 在全球化与地方性之间 …… 63

第三章 传统经典文化的多样化表达 …… 69
- 第一节 "穿越"：共同的历史文化记忆与当下的对话 …… 71
- 第二节 一千个读者，一千个哈姆雷特 …… 82
- 第三节 东西方经典的融合
  ——《千与千寻》 …… 93
- 第四节 文化资源的技术处理与产业开发
  ——《星球大战》 …… 98

第四章　从枕边故事到迪士尼乐园 ·············· 108

第一节　迪士尼动画
——一切开始的地方 ······················ 109

第二节　迪士尼乐园
——将所有的小蘑菇都装到一个筐里 ······ 114

第三节　核心价值：原创和版权 ·············· 123

第四节　不同时代人的童年 ·················· 130

第五章　文化创意产业集聚与地区发展 ·············· 138

第一节　文化创意产业集聚的理论与实践 ········ 140

第二节　文化创意产业与创意城市 ·············· 153

第三节　创意城市的实践 ······················ 158

第四节　中国实践
——乡村振兴 ···························· 168

第一章 文化创意产业的发展与繁荣

本章试图说明以下三方面的内容。第一，从技术层面看，人类历史上文化、文化产业、文化创意产业的发展是与一定的生产力水平相联系的；技术的进步不断给人类提供表达情感的新载体。第二，"创意""创新""想象力"等人类不同于其他动物的能力自古就有，从这一角度观察，文化创意产业是一个极为古老的行业，只不过工业社会以后，各种技术给人类提供了更多的展示文化创意产业的平台与载体。第三，分析文化、文化产业、文化创意产业的相关概念与内涵，为本书的讨论提供必要的理论框架。

始于18世纪中期的工业革命使人类的生产力得到了极大的提高，人类从传统的听天由命的劳作方式中解放出来，同时开始了大规模的城市化进程。城市的密集人口培育了文化消费的市场，也聚集起了文化产业所需的创作和技术人才；社会分工和协作的逐步完善，催生了文化产业的链条。文化产业既是一个古老的行业，也是一个朝阳产业，因为它总是与最前沿的技术捆绑在一起。技术与文化产业之间的关系对文化产业的未来发展方向具有重要的启示意义；可以预见，技术创新将不断带来新形式的文化产品，进一步扩大文化产业的边界。

在人类历史上，文化产品从未像今天这般触手可及，正如英国社会学家斯科特·拉什（Scott Lash）和西莉亚·卢瑞（Celia Lury）在《全球文化工业：物的媒介化》中所指出的，"截至2002年，文化产品已经以信息、通信方式,品牌产品,金融服务,媒体产品,交通、休闲服务等形式遍布各处。文化产品不再是稀有物,而是横行天下"[1]。

文化产品的大发展是文化创意产业繁荣的直接产物。一方面,曾经专属于艺术的品质和特征如创造性、差异性、符号性、美感等,如今已经分散到所有产品的生产之中,使得这些产品的象征价值远高于实用价值。另一方面,商品购买与消费行为的经济性也被不断弥散的文化影像(通过广告、商品陈列与市场营销)所调和、冲淡;消费者获取和使用的产品在满足其需要(营养、居住、行动、娱乐等)的同时,依据其特定的价值观和世界观产生了意义,消费行为逐渐成为某种文化宣言和个性化表达的方式。

从上述分析中,我们看到文化不再仅仅是一种先验的人格化冲动的表达,而是作为一种社会现象扎根于社会行动的时空领域,成为社会内在的演变和发展过程。更有学者如丹尼尔·马托(Daniel Mato)提出"所有产业都是文化的"[2]的断言。这既是产业转型升级的要求,也体现了消费观念的转变,更反映出文化向经济领域扩张与渗透的力量日益增强。2004 年,加拿大学者 D. 保罗·谢弗(D. Paul Schafer)指出,我们正在从"经济时代"转向"文化时代"[3]。由此,我们必须在这一新的时代对文化创意产业给予加倍的关注。

---

[1] 〔英〕斯科特·拉什、西莉亚·卢瑞:《全球文化工业:物的媒介化》,要新乐译,社会科学文献出版社,2010,第 6~7 页。转引自闻媛:《文化政策的价值取向——从文化产业、创意产业到文化经济》,《上海财经大学学报》2017 年第 4 期。

[2] Mato, Daniel, "All Industries are Cultural: A Critique of the Ideo of 'Cultural Industries' and New Possibilities for Research," *Cultural Studies* 23 (1) (2009): 70-87. 转引自闻媛:《文化政策的价值取向——从文化产业、创意产业到文化经济》,《上海财经大学学报》2017 年第 4 期。

[3] 〔加拿大〕D. 保罗·谢弗:《经济革命还是文化复兴》,高广卿、陈炜译,社会科学文献出版社,2006。

第一节　文化与文化产业

文化产业，从字面意义上即体现了其以"文化"为核心内容的特点；而作为产业，又确定了其以经济效益的获得为核心目标。自1947年"文化产业"一词诞生以来，在不到100年的时间里，文化产业在世界范围内成为拉动经济增长的重要支柱性产业。在中国，自改革开放以来，文化产业与文化事业逐渐分离，文化产业成为国民经济产业分类中的重要组成部分，并将进一步成为优化国民经济结构、转变经济增长点的"顶层设计"的一部分。

一　文化

（一）文化的内涵

现代意义上的"文化"与初始用法相去甚远。不同民族、不同学科、不同研究角度对"文化"的理解和界定存在差异，也有共同性，即文化是由人创造，并为人所拥有的东西。

中国古代，"文化"一直在"文治"与"教化"意义上使用。"文化"一词与"武力""武功"相对应，是统治阶级"文治"与"教化"的施政方法的总称。《周易·贲卦》中有"观乎人文以化成天下"[1]的说法，文化即由其中的"人文化成"简化而来。"文化"一词最早出现在西汉刘向的《说苑·指武篇》中："凡武之兴，谓不服也，文化不改，然后加诛。"晋代束皙《补亡诗》中有"文化内辑，武功外悠"。南朝（齐）王融《三月三日曲水诗序》中有"设神理以景俗，敷文化以柔远"[2]。

从1919年"五四运动"开始，中国的"文化"一词开始具备

---

[1] 转引自蔡建强：《医学与人文关系的几点思考》，《中华外科杂志》2018年第4期。
[2] 转引自李小波：《"文化"与"文明"浅析》，《中学历史教学参考》1994年第Z2期。

现代意义上的概念①，即文化转变了传统教化上的意义，不再只是君主世俗权力的工具，成了启蒙意义上的与"神"化相对应的由人所创造的文化。

"文化"具有不同的释义。如在《辞海》中，文化有广义和狭义之分，广义上指人类在社会历史实践中创造的物质财富和精神财富的总和；狭义上指社会的意识形态以及与之相适应的制度和组织机构。作为意识形态的文化，是一定社会的政治和经济的反映，又作用于一定社会的政治和经济。随着民族的产生和发展，文化具有了民族性。每一种社会形态都有与其相适应的文化，每一种文化都随着社会物质生产的发展而发展。社会物质生产发展的连续性，决定文化的发展也具有连续性和历史继承性；同时，"文化"又泛指文字能力和一般知识：学习文化、文化水平。

中国不同时代对"文化"的理解不同，东西方对于文化内涵的理解更具有差异性。与中文"文化"一词相对应的英文是"culture"。"culture"一词来源于拉丁文"cultura"，原意为农耕以及对植物的培育。②古罗马演说家西塞罗在他的著作中使用了术语"cultura animi"，意为"灵魂或心灵的培养"③，用农业的耕作方式隐喻对心灵的开垦。在这之后"culture"被引申为"人类克服原来野蛮行径的一切方式"。西方文化具有二元结构的特征，如认为大自然中的山川、河流等是神创造的，而水坝、建筑等是人创造的。在中世纪的欧洲，宗教对世俗生活的全面干预，激发了人们批判的动力。14~16世纪文艺复兴的爆发，以对现实的人性、人权、个体自由的呼吁，打破了宗教的文化专制和思想禁锢，动摇了政教合一的社会体制，促进了民族国家的形成，而其中基督教终极关怀的核

---

① 张汝伦：《从教化到启蒙 近代中国政治文化的起源》，《复旦学报》（社会科学版）2009年第2期。
② 廖志勤、高秀英：《culture 等不等于"文化"？》，《大学英语》2003年第7期。
③ 张昆、陈雅莉：《文化多样性与对外传播的差异化战略》，《武汉大学学报》（人文科学版）2015年第4期。

心价值没有改变，宗教依然是一种精神信仰，一种超越世俗生活的心灵寄托，西方文化的二元结构得以保存和完善。不同学科、不同研究视角对"culture"的侧重点不同，如《剑桥词典》将"culture"释义为"一种生活方式，特指某个特定群体在特定时间段的普遍的风俗和信仰"①。

根据上述诸多关于"文化"内涵的观点，结合本书所研究的主题，本书将"文化"一词的内涵总结为：文化是融合于生活方式的、人类在社会历史实践中所创造的物质财富和精神财富的总和。

（二）文化的特征

文化的本质是适应性，因此，具有普适性和特殊性双重特征。文化的普适性是指文化由同一物种、人类（智人）创造出来的，其主体人类在某种层面上因具有相似的身体机制、生活环境和生存压力，因而产生相通的审美、好恶观念。我们从各民族的神话和童话中可以看到许多共同的主题。这些从远古时代保留下来的普遍意象，是各民族共同拥有的普遍的精神价值，因而在不同国家的文学艺术作品中会产生相似的文学模式。这也是文化产业具有"普世"价值的内在保障。

文化的特殊性是指文化是人类社会的附属物，它随着人类社会的出现和发展而产生、拓延，因而不同地区、不同时代的文化具有不同的特征。文化的区域性和时代性决定了文化具有特殊性。文化的区域性和时代性也是文化具有识别性的保证。

文化的区域性是指在地球这个空间中不同区域内所生存的人，因生存环境的差异而产生文化的差异性。由于人类在不同的地域出现、生存和发展，其语言、风俗、习惯、思维方式自然存在差异，这造就了文化的区域性特征。正是这种差异，使得不同区域的人民

---

① 《剑桥词典》网络在线查询系统，http://dictionary.cambridge.org/，对"culture"的释义原文为：the way of life, especially the general customs and beliefs, of a particular group of people at a particular time。

在文化产业上展现出独特的魅力。

　　文化存在发展的内因与外因的相互作用促成了文化的时代性。自然条件、生产方式和社会制度给文化的发展提供外在的推动力。文化内部诸要素之间的矛盾运动，作为直接的动因推动着文化的发展。因此，文化的发展经历传承、创新、吸收、扬弃的过程，从而使自身具有鲜明的时代性。

　　文化是在一定的区域和时代，随着共同语言的形成、共同风俗习惯的流行、共同心理素质的同化而逐渐发展起来的，即文化的区域性和时代性决定了文化的识别性。文化的识别性构成族群的符号，成为一个国家和地区区别于另外一个国家和地区的标志。文化的识别性反过来成为联系相同文化的人们的牢固纽带，使具有相同或相近文化的人类群体具有共同的认同感和归属感。

二　文化产业

（一）文化产业的双重属性

　　"文化产业"是一个富有包容性的、多层次的综合概念。一般认为文化产业可以从两个层面来理解。

　　文化产业的第一个层面是哲学理论与意识形态观念上的"意识形态文化工业"。值得注意的是"文化产业"一词最早就是从哲学理论与意识形态观念上提出的，而且，提出该理论的学者对"文化工业""文化产业"持的是否定的态度，这些学者就是著名的"法兰克福学派"。由此，我们才能理解一直到近年，中国的理论界还是将"文化产业"视为一个不是贬义就是暧昧的概念的现象；这些观念其实是"法兰克福学派"在中国不合时宜的"翻版"。20世纪20年代，法兰克福学派的代表人物W.本雅明注意到当时工业社会的一个以机械复制为特征的文化现象。他指出，伴随着收音机、留声机、电影的出现，复制技术使文学艺术作品出现质的变化，艺术作品不再是一次性存在，而是可以进行批量生产；"机械复制"成为文化作为产业的标志性的理论。1947年,同属法兰克福学派的霍克海姆和阿多尔诺合著的《启蒙辩证法》,正式用"文化产业"一词指代这种新的文化现象,并在书中明确把"由传播媒介的技术化和商品化推动的主要面向大众消费的文化生产"称为"文化产业"(Culture Industry,也译为"文化工业")。

法兰克福学派提出"文化产业"概念,主要是为了表达对这一文化现象的否定,在此,我们有必要理解这一学派当时在欧洲出现的现实背景。20世纪以来,尼采在《查拉图斯特拉如是说》一书中,宣告"上帝死了"之后,法兰克福学派将文化、艺术神圣化,视之为独立于经济、社会的批判力量。因此,当艺术日渐成为商业化、技术化的文化产业时,就失去了批评力量而成为资本主义操纵大众意识形态的工具。他们认为文化产业中包含了商业操纵,容易与政治达成共谋。W. 本雅明对文化产业的观点相对乐观,认为世界历史上的第一次,机械复制把艺术作品从其对(宗教式的)仪规的寄生虫般的依附中解放出来了。[1] 新技术的产生,引发了传播方式的改变;文化通过与新技术的结合,被从少数精英阶层的手中解放出来,成为大众欣赏和批判的对象。

文化产业的第二个层面则是作为经济制度、发展模式的可操作的应用性的文化产业。从欧洲文化产业发展的历史看,应用性文化产业的理论与研究是直接从其文化产业的实践中总结与生发出来的,更多地探讨文化产业在应用过程中的生产、流通、传播过程等。

20世纪70年代后,文化产业迎来了进一步的发展。与法兰克福学派的 mass culture 相对,英国伯明翰学派的代表性人物雷蒙·威廉斯以 popular culture 来指代大众文化。[2] 伯明翰学派的主要观点

---

[1] 〔德〕W. 本雅明:《机械复制时代的艺术作品》,王才勇译、朱更生校,浙江摄影出版社,1993,第59页。

[2] 转引自〔英〕斯威伍德:《大众文化的神话》,冯建三译,三联书店,2003。

认为，随着媒体传播、商业流通等文化产业手段的不断作用，私人的日常生活逐渐与整个社会的政治、经济文化紧密联系在一起；文化产业化激发了大众在文化上的解放和交流，商业文化、通俗文化构成了人们日常生活的重要组成部分。在美国传播学者威尔逊看来，大众文化是指民主化、工业化、市场化社会中为普通民众生产，并为普通民众所参与和消费的一切物质、符号、观念和活动。简单地说，大众文化就是现代社会中普通民众的生活方式。[①] 由此，文化产业逐渐成为描述现实社会中文化生产、传播和消费，以及经济、社会、文化相互关系的理论分析工具，并在今天最终成为世界范畴的国民经济统计中的产业分类概念。

当前，世界各国对"文化产业"的定义各不相同。因此，我们参考联合国教科文组织修订的《文化统计框架（2009）》中对"文化产业"的定义："文化产业包括了文化创造、生产和传播等不同的阶段，是将想法转变为文化产品和服务，并在此过程中将所需的实践、活动和必要资源进行整合，而这些产品和服务反过来又会对消费者、参与者和使用者产生影响的一种产业。"[②] 1982 年，联合国教科文组织就用英文复数形式的 culture industries，来区分此前具有批判意义的文化产业 culture industry。

（二）中国文化产业的概念及发展

我国的文化产业是由原有的文化事业按照市场规则运作演变而来的。确切地说，我国的"文化产业"是由经营性文化产业和公益性文化事业（也就是"受资助的文化产业"）两部分共同构成。经营性文化产业与市场相结合、以营利为目的的特点是区别于公益性文化事业的主要特征；公益性文化事业是公益性文化单位的集合，着眼于社会效益，主要包括公共文化生产体系、公共文化传播体

[①] 刘自雄、闫玉刚编著《大众文化通论》，中国广播电视出版社，2017，第 15 页。
[②] 刘保刚：《文化创意产业的本质是文化产业化》，《经营者》（理论版）2016 年第 2 期。

系、公共文化消费体系以及公共文化管理体系。2018年5月，国家统计局颁发了最新的《文化及相关产业分类（2018）》，将文化及相关产业定义为"为社会公众提供文化产品和文化相关产品的生产活动的集合"。

改革开放以来，中国对"文化产业"认识的演变过程大致如下。

1985年，国务院办公厅转发统计局《关于建立第三产业统计的报告》，把文化艺术作为第三产业的一个组成部分列入统计项目，首次确认了文化艺术的"产业"性质。

1991年，国务院批转文化部《关于文化事业若干经济政策意见的报告》，其中正式提出"文化经济"的概念。

1992年，在国务院办公厅综合司编著的《重大战略决策——加快发展第三产业》一书中，明确提出"文化产业"概念。

1998年，文化部设立文化产业司后，我国文化产业被迅速纳入国民经济发展的管理体系。

1999年，国家发展计划委员会时任主任曾培炎在《关于1998年国民经济和社会发展计划执行情况与1999年国民经济和社会发展计划草案的报告》中明确提出"推进文化、体育、非义务教育和非基本医疗保障的产业化"，文化产业正式纳入国家发展计划。

2000年10月，中共十五届五中全会通过的《中共中央关于制定国民经济和社会发展第十个五年计划的建议》中，首次正式使用了文化产业这一概念，并提出了完善文化产业政策、加强文化市场建设和管理，推进文化产业发展的任务和要求。

2003年，文化部下发的《关于支持和促进文化产业发展的若干意见》中，将演出业、影视业、音像业、文化娱乐业、文化旅游业、网络文化业、图书报刊业、文物和艺术品业以及艺术培训业等九大行业门类纳入文化产业的管理范围。

2009年9月，国务院常务会议原则通过《文化产业振兴规划》，这是政府首次对非实体经济行业提出振兴规划，标志着文化产业上升到"国家战略性产业"的高度。

2011年，中共十七届六中全会进一步提出"推动文化产业成为国民经济支柱性产业"，表明最高决策层对于"文化"认知的观念意识发生了重大转变。

2013年《政府工作报告》中指出要"提高文化产业规模化、集约化、专业化水平"，明确了推动文化产业成为国民经济支柱性产业的时间为2020年，并将其作为全面建成小康社会目标的一项内容，反映出政府对文化产业发展状态和发展模式有了更清晰的认识，并对文化产业自身的发展模式提出了具体要求。

2014年，国务院印发《关于推进文化创意和设计服务与相关产业融合发展的若干意见》，标志着文化产业开始超越单纯的产业层面和"文化建设"层面，进入整个国民经济结构优化升级的"顶层设计"中。其中特别提到"着力推进文化软件服务、建筑设计服务、专业设计服务、广告服务等文化创意和设计服务与装备制造业、消费品工业、建筑业、信息业、旅游业、农业和体育产业等重点领域融合发展"，表明文化创意与实体经济的深度融合将作为培育国民经济的增长点。这一意见的发布是我国提升国家文化软实力和产业竞争力的重大举措。

从上述历程中我们可以看出，我国的文化产业随着经济改革的不断深入，在国民经济中所占的比重越来越大。国家对文化创意产业的发展越来越重视，文化创意与实体经济的深度融合也将成为提高国家文化软实力的重要举措。

我国文化产业的分类和范围随着国家管理体制的改革和经济社会的发展而发生变化。在国家统计局于2012年下发的《文化及相关产业分类（2012）》中，我国将文化及相关产业划分为以文化为核心内容的文化产品的生产，以及作为补充的文化产品生产的辅助生产、文化用品的生产和文化专用设备的生产四个方面。最新的

《文化及相关产业分类（2018）》针对我国文化体制改革的新发展、文化业态融合、文化新业态涌现的市场情形，再次调整了分类结构。"创意设计服务"（见表1-1）这个大类的出现，反映了创意在文化产业中的重要性日益凸显。互联网文化娱乐平台、可穿戴文化设备和其他智能文化消费设备制造等新业态的纳入，表明以"互联网+"为依托的文化新业态不断涌现并发展迅猛，日益成为文化产业新的增长点。

表1-1 文化及相关产业分类

部类	大类
文化核心领域	01 新闻信息服务
	02 内容创作生产
	03 创意设计服务
	04 文化传播渠道
	05 文化投资运营
	06 文化娱乐休闲服务
文化相关领域	07 文化辅助生产和中介服务
	08 文化装备生产
	09 文化消费终端生产

资料来源：根据国家统计局下发的《文化及相关产业分类（2018）》整理。

第二节　从文化产业到文化创意产业

我们已经有了"文化产业"为何又有一个"文化创意产业"？它们之间是什么关系？

从社会与经济发展的实际看，"文化创意产业"是"文化产业"发展到新阶段的产物，是文化产业内部产业调整升级、产业管理突破原有边界的必然结果，传统的文化产业在新的技术时代发展出新的形态。正是文化产业中新业态的不断出现，产业重心的不断转移，产业跨界与交融的不断出现，促使行业管理不断跨界，突破了原有文化产业的外延与边界，使得一种全新又有延续性的概念——文化创意产业出现了。

从理论发展上看，"文化产业"升级为"文化创意产业"有着逻辑的合理性。促进以知识为基础的文化产业发展与经济发展之间存在许多交叉点，而"创意产业"是这一发展战略的核心。"文化创意产业"在一定意义上代表的就是区别于传统的受赞助的艺术部门，并通过知识产权的产生和开发进而具有创造财富的巨大潜能的文化产业。

可见，"文化创意产业"既是在传统意义的文化产业基础上发展起来的产业概念，又是不同于过去文化产业的新的产业形态。

一 相关概念

创意产业、内容产业和版权产业是新时期在信息化、全球化等新经济中发展出来的新概念，和较为传统的文化产业互相重叠而又各有侧重。从文化产业的角度看，创意产业以创新理论为基础，显示了创意在文化活动中的重要性；内容产业抓住文化产品的实质即"内容"，强调了没有固定实体的数字内容产业所具有的价值；版权产业则是从商业和法律的角度进行划分，对于保护版权所有者的经济利益具有重要意义。

（一）创意产业

对创意产业（Creative Industries）较为公认的看法源于英国政府的文化政策。20世纪80年代，英国工党看到了文化在城市建设和产业发展中的作用，在以伦敦为首的各城市政府中提出了建设文化产业的战略，形成了独具特色的文化政策。1997年工党赢得大选之后，将之前地方的文化政策在全英国实施，用"创意产业"一词替代了原有的"文化产业"，并成立了"创意产业特别工作小组"。小组次年发布了《创意产业路径文件》，首次将创意产业定义为起源于个体创意、技巧及才能，通过智慧财产权的生成与利用，有潜力创造财富和就业机会的产业。① 在今天的英国,创意产业具体包括:(1)出版;(2)电视和广播;(3)电影和录像;(4)电子游戏;(5)时尚设计;(6)软件和计算机服务;(7)设计;(8)音乐;(9)广告;(10)建筑设计;(11)表演艺术;(12)艺术和古玩;(13)工艺。创意产业的提出是对早期文化产业政策的延续,但在传统文化产业的基础上加入了以科技创意为核心的软件和计算机服务、设计等产业,扩大了政策所涵盖的范围。英国政府提出的"创意产业"概念后来又陆续为其他国家和地区所采用,如澳大利亚、新西兰等。总体来看,创意产业在涵盖大部分文化产业的同时,一般也将科技领域中需要创意的研发和设计部分,特别是新兴的软件和计算机行业划入范围之内,配合知识经济等概念使用。

学界对创意产业的认识多有不同。英国经济学家霍金斯在《创意经济:如何点石成金》中认为,创意产业包括所有产品受到知识产权保护的行业,具体包括版权行业、专利行业、商标行业和设计行业,根据知识产权保护的四种不同形式进行划分。② 根据这一定义,霍金斯将涉及专利保护的科学、技术和工程行业全部划归创意产业。美国经济学家凯夫斯在《创意产业经济学:艺术的商业之道》中,将创意产业的范围划定为书籍、杂志印刷业,视觉艺术(油画与雕刻),表演艺术(戏剧、歌剧、演唱会、舞蹈),有声唱片,电影和电视节目,以及时装、玩具和游戏等,认为创意产业提供的产品和服务应具有文化价值、艺术价值或者单纯的娱乐价值。③ 和霍金斯的定义相比,凯夫斯的定义范围小了很多,基本与传统的对"文化产业"的认识一致。

---

① 厉无畏主编《创意产业导论》,学林出版社,2006,第3页。
② 〔英〕约翰·霍金斯:《创意经济:如何点石成金》,洪庆福、孙薇薇、刘茂玲译,上海三联书店,2006,第5~6页。
③ 〔美〕理查德·E.凯夫斯:《创意产业经济学:艺术的商业之道》,孙绯等译,新华出版社,2004,第3页。

(二) 内容产业

内容产业（Content Industries）最早出现在1995年的西方七国信息会议上，当时被称为信息内容产业。随后的欧盟"info2000计划"将其定义为"制造、开发、包装和销售信息产品及其服务的产业"。此处的"内容"特指计算机数据、文字、声音、图像或者多媒体内容，其以模拟或数字方式呈现于纸张、胶片、磁带或光学储存载体上。内容产业虽然同时包括具有实体的传统内容产业与不具有实体的数字内容产业，但这一称呼的出现与信息革命是紧密相关的，发展数字经济的需要催生了"内容产业"。

美国在统计中使用的是类似的信息产业概念，属于服务业的一种。1997年《北美产业分类标准》将信息视为一种产业，涉及下列活动的行业全部被划分在信息产业之内：（1）生产、发行信息和文化产品；（2）提供上述产品（或数据、通信）的传输和发行途径；（3）处理数据。下面又具体划分为：（1）出版业；（2）电影和录音业；（3）广播电视业（不包括网络广播电视）；（4）通信业；（5）数据处理、托管及相关行业；（6）其他信息服务。需要注意的是，信息产业是围绕"信息"即内容而展开的，一般认知中的信息技术行业不属于此处所说的信息产业，应加以鉴别。

(三) 版权产业

版权产业（Copyright Industries）在美国作为国民经济中的一个重要门类受到重视。成立于1984年的国际知识产权联盟（IIPA，美国版权产业民间组织）将其分为四类。（1）核心版权产业，指以创造、生产、传播或展示有版权的产品为主要目的的产业，如影视业、录音行业、图书报刊出版业、计算机软件业等。（2）部分版权产业，其产品中仅有一部分适用于版权保护，如包括设计部分的建筑、玩具、纺织品、珠宝等。（3）非专门辅助产业，指同时将有版权和无版权的作品分配给经销商和顾客的行业，如零售和批发业、运输业、通信业等。（4）依存产业，指产品主要用于版权产品的创造、生产和使用的产业，如生产计算机、电视机、游戏机、音乐播放器等设备的制造业。第三项非专门辅助产业以前被称为发行版权产业，仅指对有版权的作品进行分配的产业。由此可以看出，对版权产业的认定范围在不断扩大。

版权产业的名称更多地体现了商业和法律上的目的，与美国保护国家和版权者经济利益的思想是紧密相关的。版权产业一直是美国最重要的出口行业，出口额长期居于各行业之首，特别是电影业、计算机软件业，在全球市场占主导地位。强调版权的概念，符合美国的国家利益和行业利益，也与美国的全球文化战略相契合。

二 文化创意产业

（一）文化创意产业的概念及发展

文化创意产业（Cultural and Creative Industries）概念最早源于中国台湾。20世纪90年代，中国台湾对地方文化产业的发展已经高度重视。2002年，中国台湾正式提出了"文化创意产业"的概念，并将其列为2002~2007年十大发展计划的第二项。文化创意产业被定义为源自创意或文化积累，透过智慧财产的形成与运用，具有创造财富和就业机会潜力，并促进整体生活环境提升的行业。2010年中国台湾进一步确定了文化创意产业"15+1项"的范围。具体包括：（1）视觉艺术产业；（2）音乐及表演艺术产业；（3）文化资产应用及展演设施产业；（4）工艺产业；（5）电影产业；（6）广播电视产业；（7）出版产业；（8）广告产业；（9）产品设计产业；（10）视觉传达设计产业；（11）设计品牌时尚产业；（12）建筑设计产业；（13）数位（数字）内容产业；（14）创意生活产业；（15）流行音乐及文化内容产业；（16）其他经主管机关指定的产业。在包括了传统的核心文化产业的同时，中国台湾将创意设计相关产业如产品设计产业、设计品牌时尚产业、建筑设计产业等也纳入文化创意产业，拓展了文化创意产业的范围。

中国香港使用"文化及创意产业"这一概念。1997年亚洲金融危机之后，中国香港以英国的发展方向为参考，在2003年香港特区行政长官施政报告中提出创意产业是知识经济体系中的重要环节，将推动创意产业的发展以拓宽经济领域。2005年施政报告改用"文化及创意产业"一词。2009年，"文化及创意产业"列入香港的六大优势产业。根据2018年6月香港特区政府统计处专题文章《香港的文化及创意产业》，文化及创意产业是涵盖一组知识型活动，通过创意及以智力资本为基本投入要素，生产具有文化、艺术和创意内容的货品和服务。具体包括11个类别：（1）艺术品、古董及工艺品；（2）文化教育及图书馆、档案保存和博物馆服务；（3）表演艺术；（4）电影及录像和音乐；（5）电视及电台；（6）出版；（7）软件、电脑游戏及互动媒体；（8）设计；（9）建筑；（10）广告；（11）娱乐服务。[1]

在中国内地，"文化创意产业"一词在国家层面上最早出现在2006年的《国家"十一五"时期文化发展规划纲要》之中。值得注意的是，文化创意产业仅出现在"文化产业"发展规划的"优化文化产业布局和结构"一条之下，基本与文化产业混用。[2]

"文化创意产业"的使用更多地出现在地方政府层面，体现了各地区政府的不同发展侧重。2006年，北京市发布了《北京市文化创意产业分类标准》。这是我国内地首个此类标准。其中将文化创意产业定义为以创作、创造、创新为根本手段，以文化内容和创意成果为核心价值，以知识产权实现或消费为交易特征，为社会公众提供文化体验的具有内在联系的行业集群。其范围主要包括：（1）文化艺术；（2）新闻出版；（3）广播、电视、电影；（4）软

---

[1] 香港特区政府统计处：《香港的文化及创意产业》，https://www.censtatd.gov.hk/hk-stat/sub/sp80_tc.jsp? productCode=FA100120，2018年6月15日。

[2] 《国家"十一五"时期文化发展规划纲要》，中国政府网，http://www.gov.cn/jrzg/2006-09/13/content_388046.htm，2006年9月13日。

件、网络及计算机服务；(5) 广告会展；(6) 艺术品交易；(7) 设计服务；(8) 旅游、休闲娱乐；(9) 其他辅助服务。[①] 与此相对，上海早期使用的则是"创意产业"，出现于《上海创意产业"十一五"发展规划》，反映了上海对于接受新概念的相对开放和革新精神。到了2013年版的《上海市文化创意产业分类目录》中已经改为"文化创意产业"，此后一直沿用。其分类目录包括：(1) 媒体；(2) 艺术；(3) 工业设计；(4) 建筑设计；(5) 时尚创意；(6) 网络信息；(7) 软件与计算机服务；(8) 咨询服务；(9) 广告及会展服务；(10) 休闲娱乐服务；(11) 文化创意相关产业。[②] 与北京市的分类标准相比，上海市的分类目录包含更多的科技相关行业。

可以看出，对于究竟什么是文化创意产业的认识仍较为模糊，没有统一答案，大部分时候根据管理或研究的实际需要而划定。由于"文化创意产业"在传统的"文化产业"的概念上整合了国际上新兴的"创意产业""内容产业""版权产业"等诸多相似的概念，符合现实发展的需要，因此越来越得到广泛运用。

国际上对"文化创意产业"一词的使用也逐渐得到认可。2015年，联合国教科文组织与国际作家和作曲家协会联合会、安永会计师事务所共同发布了报告《文化时代——首份文化创意产业全球地图》[③]，首次从全球的角度对文化创意产业的经济价值进行了统计。报告中被列入文化创意产业的有：(1) 电视产业；(2) 视觉艺术产业；(3) 报纸杂志产业；(4) 广告产业；(5) 建筑产业；(6) 书籍产业；(7) 表演艺术产业；(8) 游戏产业；(9) 电影

[①] 《北京市文化创意产业分类标准》，https://wenku.baidu.com/view/e2ca2303de80d4d8d15a4f9e.html，2011年2月7日。

[②] 王慧敏、王兴全主编《上海文化创意产业发展报告 (2015~2016)》，社会科学文献出版社，2016，第270页。

[③] 赵珊：《创意产业的生存秘诀》，《人民周刊》2016年第2期。

产业；（10）音乐产业；（11）电台产业。① 这种划分方式与联合国教科文组织和经济价值相比更重视文化多样性的目标是一致的。

（二）文化创意产业的分类及分类模式

1. 文化创意产业的分类

"文化产业""创意产业"在不同的国家以及不同的时间都有着不同的内容与指向。1997 年，英国首相布莱尔成立了"创意产业专责小组"，"创意产业"为欧美发达经济体的决策者所关注且应用，传统"文化产业"领域也随之拓展。2008 年，联合国贸易和发展会议将文化创意产业分成了以下四大类别。

（1）文化遗产类。文化遗产被认为是所有艺术形式的来源，是文化与创意产业的源泉。文化遗产内嵌于艺术、手工艺、民间传说、传统文化节庆等。主要有两个子群：传统文化表现——艺术与手工艺、节日与庆祝活动；文化场所——考古遗址、博物馆、图书馆、展览馆等。

（2）艺术类。此类是由文化遗产、民族认同的价值观和符号意义激发的文化创意产业。包含两个子群：视觉艺术——绘画、雕塑、摄影、古董；表演艺术——现场音乐表演、戏剧、舞蹈、歌剧、马戏、木偶戏等。

（3）媒体类。包含以下两个子群：出版与印刷媒体——书籍、报刊与其他出版物；视听产业——电影、电视、电台广播与其他形式。鉴于 10 多年前以手机移动端为代表的新媒体还只是星星之火，联合国贸易和发展会议将之列入"功能创意"类。

（4）功能创意类。由具有功能性目的的产品和服务创意行业构成。包括：设计——室内设计、平面设计、时尚用品设计、珠宝设计、玩具设计；新媒体——软件、视频游戏、数字化创意内容；创

---

① 国际作家和作曲家协会联合会，*Cultural Times：The First Global Map of Cultural and Creative Industries*，http://unesdoc.unesco.org/images/0023/002357/235710E.pdf，2015。

业服务——建筑、广告、文化和娱乐活动、创意研发、数字及其他相关创意服务。

2. 文化创意产业的分类模式

此外，联合国贸易和发展会议还将欧美各种文化创意产业的分类模式做了归纳，主要有以下四种（见表1-2）。

表1-2 文化创意产业的分类模式

英国文化、媒体和体育部模式	符号文本模式	同心圆模式	世界知识产权组织版权模式
广告	（一）核心文化产业	（一）核心创意艺术	（一）核心版权产业
建筑	广告	文学	广告
艺术和古董市场	电影	音乐	著作权集体组织
手工艺品	互联网	表演艺术	电影与录像
设计	音乐	视觉艺术	音乐
时尚用品	出版	（二）其他核心创意艺术	表演艺术
电影与录像	电视与广播	电影	出版
音乐	视频与电脑游戏	博物馆与图书馆	软件
表演艺术	（二）外围文化产业	（三）泛文化产业	电视与广播
出版	创意艺术	文化遗产服务	视觉与形象艺术
软件	（三）边缘文化产业	出版	（二）独立版权产业
电视与广播	消费型电子产品	录音	消费型电子产品
视频与电脑游戏	时尚用品	电视与广播	乐器
	软件	视频与电脑游戏	纸张
	体育	（四）相关产业	复印机、照相器材
		广告	（三）相互依赖的版权产业
		建筑	建筑
		设计	服装、鞋袜
		时尚用品	设计
			时尚用品
			家居用品
			玩具

资料来源：埃德娜·多斯桑托斯主编《2008创意经济报告》，张晓明、周建钢等译，三辰影库音像出版社，2008，第11页。

(1) 英国文化、媒体和体育部模式

这种模式源于20世纪90年代后期英国将本国经济重新界定为一种在全球化竞争性的世界由创意与创意驱动的经济。"创意产业"被定义为那些需要创意、技术与天赋，并具有利用其知识产权创造财富与就业机会的潜力。在文化、媒体和体育部模式中，根据前述定义，几乎所有13种行业都可以被看作属于"文化"的范畴。但英国政府更倾向于使用"创意产业"这个词去描述这些行业，显然也是为了回避"文化"这个词的含义中可能带有的精英主义的暗示。

(2) 符号文本模式

此模式是欧洲传统的文化批评研究中研究文化产业的一个典型方法，这种方法将"高雅"或"严肃"艺术看作社会与政治建设的一部分，因此将注意力集中于流行大众文化，将其通过符号文本或信息进行工业化生产、传播与消费，并以多种媒体形式如电影、广播和出版形象地描绘出来。

(3) 同心圆模式

这种模式的基本假设是，文化产品的文化价值赋予了文化产业最显著的特征。因此，某种特别的产品或服务中所包含的文化内容越显著，投入工业制造的诉求就越强烈。在这种模式中，创意观念来自以声音、文字和图像形式存在的核心创意艺术，这些观念以层层递进或同心圆的形式向外扩散影响，产品中文化内涵所占的比重也随之减少。2017年4月，相关研究报告表明，这种模式已成为欧洲创意产业分类体系的基础。

(4) 世界知识产权组织版权模式

这种模式的基础是直接或间接参与了知识产权作品的创作、制造、生产、广播和发行的各个行业。因此，创意集中体现为知识产权，并被纳入制作知识产权产品和提供相关服务的过程。在这里我们需要区分已经创造知识产权的行业和那些需要将产品与服务提供给消费者的行业。

最后，我们需要特别分析一下体育产业。某些创意产业的分类中也包括了体育产业，这多数是因为文化部门也同时管理体育事务，同时体育是重要的收入来源并在创造其他经济产业中发挥了积极作用。另一个实际原因是，在国民经济核算体系中，体育属于娱乐服务业。但从本书所采用的概念来看，体育更多的是与训练、规则和竞争相关，创意内容较少。因此一般情况下体育并不包含在创意产业中。

本书认为，文化创意产业在传统以大规模生产为特征的文化产业的基础上，更加强调"创意"和新内容的生产，指明了文化产业未来的发展方向，实质上是对文化产业认识的一次升级。因此，本书采用"文化创意产业"作为书名，但根据实际情况仍将使用"文化产业"一词。另外，软件和计算机服务、网络信息和工业设计等尽管有时也被列入"文化创意产业"，但是这些产业大多以科技创意为核心，不涉及文化内容和文化产品的生产，故不属于本书讨论的范围。

第三节 工业革命前的文化创意活动

从新石器时代到工业革命前，造纸术和印刷技术的进步，使得书籍的印刷、复制在某些特定阶段快速发展，但受制于社会整体文化程度较低、产权制度等因素，书籍、艺术作品的产业化发展有限，文化创意产业在工业革命前尚未形成。

一 西方的文化创意活动概况

古希腊、罗马的神话故事始于口耳相传，后由学者收集编辑而成，流传下来的有诗人赫西俄德的作品和荷马的《荷马史诗》，以及埃斯库罗斯、索福克勒斯和欧里庇得斯的作品等。这些神话故事多与宗教有关，绝大多数是关于神话人物的故事。

在印刷术发明之前，西方的书籍和文字主要由少数的神职人员掌握。手抄本（Illuminated Manuscript）是欧洲社会主要的书籍形式，手抄本是一种带有手绘图画和彩饰，辅以选取自《圣经》的文字摘抄，书写在羊皮纸上的书籍。受当时社会识字率普遍较低的影响，用图像形式作为《圣经》经文的补充以及教义的解释。在这个阶段，修道院成为学术的中心，对中古时代的文化特别是宗教文化起着保护与传播的作用。各修道院以拉丁语和其他必要的技能培训未来的修士和神父，且对资料的整理和编撰起重要作用，同时也为之后欧洲各地形成综合性大学奠定基础。从12世纪末开始，随着王公贵族阶层对精美手抄本需求的增加，产生了专职于手抄本的画家，他们通过加入对各种生活场景的描绘来解读《圣经》。

中世纪时期，"作者"还不具有现代知识产权的概念，更多的是充当"写者"的作用，被当成传递上帝旨意的工具。他们所创作的作品被认为是从上帝那里接受灵感，知识通过他们的技艺记载下来，因而知识不被看作个人的产物，也不能被出售。在没有版权制度的年代，赞助制度对经济基础较弱的创作家维系生存具有很重要的作用。赞助制度指的是，创作者将其作品献给赞助人，赞助人在获得荣誉和地位的同时给予创作者物质资助。赞助制度使创作者不必依赖作品的买卖，即创作者不以销售为目的而创作。王公贵族、教会等上层阶级则通过这些作品满足自己的高雅诉求。在赞助制度下产生了许多经典之作，如米开朗琪罗应教皇尤利乌斯的要求而创作的西斯廷教堂《创世纪》壁画。与之相对，出身于贵族、拥有一定经济基础的但丁，不需要依靠赞助制度进行写作。

1450年，德国的约翰·古腾堡在美因茨开办了第一家印刷所，并于约4年后印制出第一部活版印刷的《圣经》。"古腾堡"《圣经》的出现,是西方书籍印刷和制作在技术上的新突破,标志着书籍的大批量快速印刷、工业化生产的开始。具有雄厚资本实力的商人从销售商中独立出来,成为出版商。他们注入资金,聘用和协调印刷商、装订商和销售商,统筹兼顾整个图书的制作与销售过程。为了阻止其他商人的盗版行为,实现利润的最大化,出版商成为推动版权制度诞生的重要力量。

印刷术的应用,改变了手抄时代以来书籍的生产方式,一个中产阶级的读书阶层逐渐兴起。同时,人们的阅读方式也从对《圣经》等少数经典的"精读"转为对大量书籍的"泛读"。随着城市的出现,欧洲人传播文化、传承文化与习得文化的方式、场所越来越多。由于社会的需要,私立学校发展成向工匠和商人传授必要技能的地方。16世纪意大利学院首先盛行。盛行于17世纪法国的沙龙,通常是指由妇女在私人住所举办的聚会,就像谈论诗歌、音乐和美术一样,人们也在沙龙里谈论最新的地理发现和航海发现、天文学和解剖学等。沙龙的成员通过这些非正式的讨论,快速地熟悉难以阅读到的科学知识。

1709年,世界第一部版权法《安娜法令》在英国诞生,该法令是在出版商推动下产生的。尽管《安娜法令》在作者所拥有的具体权利问题上规范得不够全面,但的确从法律层面上确立了作者形式上的版权主体地位。《安娜法令》诞生后,作家本身的经济处境并没有得到应有的改善,仍受制于出版商的控制。这个时期,音乐家的处境也不乐观,如著名的莫扎特、贝多芬,他们虽然都是独立的作曲家,但也离不开贵族的支持,很多作品都是以"委托创作"的形式来取得报酬。

二 中国的文化创意活动概况

中国古代,在殷商至西周中前期的1000多年里,书籍和文字一直都掌握在少数社会上层人士手中,典籍收藏出现"惟官有书,而民无书"的社会现象①，阅读也属于少数人的特权。春秋战国以后，私学兴起，原属"官守"的典籍进入民间传播领域，但书籍仍然是只在上层社会流传的"奢侈品"②。东汉后期，出现了作为书写材料的纸张，取代了原先的简帛。纸张在文化传播上的使用，在一定程度上打破了阅读的壁垒。隋唐时期，社会科学文化繁荣昌盛，特别是科举制的确立，国家通过开科取士选拔人才，读书人增加，私人藏书书院逐渐开始盛行起来。佛教传入中国后，在隋唐时期受到当朝统治者的重视而被广泛传播，寺院等宗教机构同样成为佛教典籍收集、传承、生产与传播的中心。

雕版印刷的成熟加上活字印刷的发明，使宋代成为中国古代书坊、刻书、藏书事业的黄金时代。宋代开国之初，就把书籍看作"教化之本，治乱之源"，目的就是吸取"前代兴废以为鉴戒"，把刻书、整理书籍放在了重要的位置上。宋代主要有三大刻书体系，官刻、坊刻和私刻，三大系统互相影响、互相促进，形成一种空前的盛况。由于科举制度的发展，科举考试专用书大量刊行，书籍数量大幅度增加，书籍售卖方式各式各样，书肆遍布各地。书籍销售行业的巨额利润使得民间印刷、买卖活动繁荣，以营利为目的的出版活动十分活跃，刊印本得到普及。普通民众也可以拥有书籍，社会教育资源体现了从精英向普通民众扩散的趋势，形成了由官府藏书和私人藏书交织而成的藏书体系。宋代的书籍流通不仅遍及全国，而且通过民间渠道或者官方关系广泛流传到辽、西夏、金、日本和高丽等地区，书籍的形态也发生了变化，册子装逐渐取代了延续近千年的卷轴装，提高了阅读和检索的效率。宋代刻书业的发达使图书出版的批量化、产业化成为可能。有学者认为文化产业在我国出现的时间，最早可追溯到宋代的刻书业，但由于宋代的刻书业

---

① 闫智勇、吴全全：《现代职业教育体系建设目标研究》，重庆大学出版社，2017，第138页。

② 王余光、熊静：《纸简替代与阅读转型》，《图书馆》2014年第3期。

尚未涉及版权、职业作家，其产业化体现在印刷和销售上，因而宋代的刻书业只能算部分产业化，还不具备完整的产业链条。

受唐末五代乱世以及南宋时期理学名师的倡导和影响，南宋书院藏书丰富。明代到晚清时期，普通民众对通俗文学作品的需求十分旺盛，这种需求催生了戏曲、小说等通俗文学作品出版业。出版业以木刻版印为特征，长期保持着稳定而缓慢的发展速度。明中叶以前，中国没有出现以专职卖画为生的职业画家。绘画的主体除了宫廷画匠外，还有不以绘画为第一职业的地主、官员、私塾先生等，他们或在庙堂担任重职，或在江湖隐逸游乐，把绘画作为提高修养和娱乐自己的途径，而不是谋生的手段。明中叶后，随着商品经济的发展，文人画家思想发生转变，出现了以专职卖画为生的画家，但这个时期的艺术作品还不具备复制刊印、大量传播的条件。

第四节 文化产业的发展历程

文化产业的发展史也是技术的发展史。技术的进步既提供了文化产品的承载手段，又是文化产业演化的最大动力，引领着文化产业每个阶段的发展。工业文明产生的一系列技术创新被广泛运用于文化产品的大规模生产与传播，使得文化产品最大限度地满足了尽可能多的人群的文化消费需求，并由此产生了巨大的经济效应，催生了一系列以机械复制和现代通信为基础的文化产业形态。从技术成果在文化产业中的运用情况来看，文化产业的边界随技术成果的成功运用而不断扩大。

一 第一次工业革命与文化产业的诞生

第一次工业革命源于18世纪中期的英格兰中部地区，以蒸汽机的发明和应用为主要标志，生产方式完成了从工场手工业向机器大工业的过渡。第一次工业革命使专业化的社会分工逐步完成，出现了报刊记者、职业作家、职业画家等文化产业的专业人员；报纸、杂志等重要媒介的出现也为文化产品的生产与传播提供了全新的载体。

随着古腾堡印刷技术的发明，在第一次工业革命开始之前，世界上第一份报纸就诞生了。1605年，约翰·卡罗鲁斯（Johann Carolus）在德意志出版了《通告：所有新奇及值得深思的故事》。但与我们现在所熟知的产业化、大规模印刷的报纸不同，这个时期的报纸是非产业化的。虽然随着15世纪航海技术的革新和美洲地理大发现，贸易交换活动刺激了人们对信息市场的需求；在印刷技术条件具备后，也有利用机器印刷单页新闻传单的情况，但这些新闻传单往往只是对单条信息的报道，内容也多以异域传说、上帝显圣等为主，并且是非定期的。因此，各种版本的《圣经》和阐述宗教问题的小册子依然是印刷商的主营业务。

第一次工业革命技术成果的应用，使得报纸成为第一文化产业并得到了极大的发展。第一次工业革命后出现的蒸汽轮船、铁路、火车等，解决了动力问题，使得远距离快速运输成为可能，提高了报纸的时效性，报纸才具有了经济价值。19世纪上半叶，印刷技术的进一步改进使报纸规模化生产成为可能。美国印刷技术和新闻报道技术的革新与改进，为大规模的新闻市场形成提供了强大的技术保障。蒸汽印刷机、轮转印刷机、木浆造纸术、打字机等先后发明并被应用到新闻传播领域。如轮转印刷机发明后，每小时可印1.2万份报纸，与1830年前的蒸汽印刷机相比，工效提高了10倍。[①]

第一次工业革命后，从内容上看，职业记者、作家为报纸和杂志提供源源不断的内容。从产品的流通速度上看，机器大工业的发展带动了交通运输技术的进步，促进了文化产品的大规模运输和传播。从技术上看，造纸术、印刷术、复制、排版等技术的改进，使

---

① 〔美〕迈克尔·埃默里、埃德温·埃默里、南希·L.罗伯茨：《美国新闻史》，展江、殷文译，新华出版社，2001，第113页。

文化产品的单位生产成本下降，文化产品的生产向规模化发展。技术的进步也促使以学术图书出版公司、教科书出版公司、词典工具出版公司为代表的出版业规模化发展起来。从产品的购买者看，随着城市化的进程，大量的失地农民转变为工人，因工作内容的需要，工人群体中的识字率与工业革命前相比得到了普遍的提高，为文化产品提供了广阔的消费市场。从创作者的生存条件上看，著作权的改进，使作者权利得到了进一步的保障，作家的身份地位得到了提高。这就有力地改善了文化产业内容创作者的生活条件，从而将人才吸引到文化产业中。以上方面的进步，共同为第一次工业革命期间文化产业的诞生奠定了基础。

案例1　狄更斯与连载作品

英国著名文学家狄更斯（Charles John Huffam Dickens）是英国历史上最著名的作家之一。他促使了分期连载小说的发展，他的大多数小说都是先按月连载发表，再成册出版。1836年3月31日，他的第一部长篇小说《匹克威克外传》首次以连载小说的形式出现在《月刊》杂志上，到了1837年11月才正式结集成书。《匹克威克外传》的刊登，使得《月刊》杂志的发行量在短短的时间内从最初的400份激增到4万份。1855年，《小杜丽》开始连载，共20期，每期稿酬600英镑，狄更斯拿到了有生以来最高的稿酬。1864年开始连载的《我们共同的朋友》也为他带来了1万英镑的天价稿酬。[①] 他的作品已成品牌，有了稳定的市场，可以说是文化"产业化"的典型案例。

1850年，狄更斯凭借之前写作的收入，投资创办了周报《家常话》，拥有该报一半的股份，刊登自己及其他作家的一些

---

① 任占华：《2012重读狄更斯》，《考试（新语文）》2012年第9期。

作品。1859年，由于之前的版权诉讼，狄更斯重新创办了刊物《一年四季》，狄更斯最有名的作品《双城记》和《远大前程》即连载在这本刊物上，为刊物带来了可观的销量。为了保证刊物的销量和收入，消费者的反应对创作产生了直接的影响。在《远大前程》的创作过程中，狄更斯考虑到读者的反应，更改了作品的结局。在最初写的结局中，皮普在街上遇到埃斯特拉，但她在丈夫死后已经重新结婚，他们之间已经没有可能。朋友试读之后认为这个版本的结局太令人伤心，狄更斯便对结局进行了修订，令男女主角在沙提斯庄园重新相遇并手牵手地离开，直到"没有什么能把他俩分开了"。

案例2　华兹华斯与著作权

著作权的英文copyright中的copy即复制的含义。不难想象，著作权是随着早期复制技术的发展诞生的，是一种对有关复制行为进行规范的制度。因此，著作权指的是对某一特定作品加以复制（最初仅限于文字作品）以及未经许可禁止他人复制的权利。

工业革命的机械复制技术使书籍、期刊在内的文化产业规模化，虽然当时已有著作权，即前文提到过的1709年《安娜法令》，但因《安娜法令》不够完善，作者的合法权益常常不能得到合理的保护。即使在作者拥有28年著作权的条件下，由于读者品味变幻莫测，急需用钱的作者也只能以固定的价格一笔卖断著作权。这渐渐导致图书大卖，图书的作者穷困潦倒的局面。

英国浪漫主义代表诗人华兹华斯在诗歌创作之余，不同程度地介入同时代的著作权改革。他认为，社会需要伟大的作品，这些作品可以教育民众，提高读者的品位，而那些有价值的作者却在文学市场中处于不利地位，人们对作者和作品的价值没有给予足够的重视。因此，文学的社会功能会消失殆尽，整个社会沦落至蒙昧状态。从1808年第一次有史料记载华兹华斯涉足著作权事宜，到1842年英国通过新的著作权修改法案，在34年的时间里，华兹华斯通过在议会游说、报纸杂志发表诗文、支持议员改革等一系列举措推动英国议会通过著作权修改法案。可以说，华兹华斯为著作权法案的完善做出了积极的贡献。最终，在多方努力下，英国议会于1842年将原来作者的28年著作权延长至42年，如42年后作者依然在世，则增加7年，延长至49年。

二 第二次工业革命与大众文化产业的繁荣

第二次工业革命开始于19世纪70年代，以电力的广泛应用为显著特点。电力工业和电器制造业迅速发展起来，人类进入"电气时代"。

电磁波的发现以及电报、电话的发明，使得人类通信领域产生了根本性的变革。这些技术迅速运用于文化产业之中，文化产品实现了在世界范围内的传播，打破了文化产品传播的时间和空间限制。文化产业的范围从第一次工业革命时期的报纸杂志出版行业扩大到广播、电视、电影行业，繁荣的大众文化产业构成了人们日常生活的重要方面。人类自此进入印刷传播与电子传播并驾齐驱的大众传播时代。

和第一次工业革命时期出现的文化产业的主要业态报纸、杂志相比，依靠媒介载体技术的改进，声音、动态图像成为可以保存和再现的内容，文化产业内容不再只有文字这一单一形式，从内容上得到了极大的扩展。从消费者的范围看，广播、电视、电影以图文、声音等形式承载内容，对受众的知识水平要求低，即使没有阅读能力的人，也可以从中得到乐趣，受众范围因而进一步扩大到了普通民众。电视、电影、广播成为人们日常生活的一部分，可以24

小时全天候地播放,传播的时间更长;此外,电视、电影、广播还具有报纸、杂志、书籍等媒介形式所不具有的"一对多"的传播形式,因而在传播效率上具有空前的优势。从文化产业的创作者来看,职业的歌唱家、影视演员出现,唱片、影视公司诞生并得到较大发展。在此期间,文化产业发展中的主要事件见表1-3。

表1-3 文化产业发展中的主要事件

年份	主要事件
1864	英国物理学家麦克斯韦发表论文《电与磁》,建立电磁场理论,预言电磁波的存在。后来赫兹的实验证实了这一点。
1875	美国人贝尔发明了世界上第一台电话机。
1878	在相距300公里的波士顿和纽约之间进行了首次长途电话实验,并获得成功。
1895	俄国人波波夫和意大利人马可尼分别成功地进行了无线电通信实验。
1895	法国人卢米埃尔兄弟发明了电影。
1920	美国无线电专家康拉德在匹兹堡建立了世界上第一家商业无线电广播电台,从此广播事业在世界各地蓬勃发展,收音机成为人们了解时事新闻的方便途径。
1923	有声电影问世。
1925	美国开始试验发射一些电视图像。
1926	英国科学家贝尔德制造出第一台真正实用的电视传播和接收设备,标志着电视的真正诞生。
1936	世界上第一座公共电视台在英国伦敦建成并开始播出节目。

案例1 华纳兄弟电影公司与好莱坞有声电影产业

20世纪20年代前期,电影产业还处于无声时代,好莱坞的电影公司初步形成了电影生产、发行、放映三位一体的产业链。当时,华纳兄弟电影公司(以下简称华纳公司)已成为好莱坞最为成功的片商之一,但仍无法与当时规模较大的派拉蒙电影公司、米高梅电影公司等大型片商相比。为了提升竞争力,华纳公司第一个投入了有声电影的制作和发行。第一部带有声音的电影《唐璜》于1926年在纽约百老汇52街华纳剧院首映,不少电影界名人如卓别林、嘉宝、金·维多和地密尔等人前来捧场。尽管首映票价高达11美元,但是有1208个座位的剧院座无虚席。次年，华纳公司又推出了《爵士歌王》，加入了一部分有声对白；这部电影一般被认为是历史上第一部有声片，电影从此告别无声时代，进入有声时代。

1928年，华纳公司发行的《纽约之光》是第一部从头到尾都具有声音的有声电影。这部电影在技术上与票房上的成功，使得好莱坞各家大公司全力投入有声电影的拍摄，有声电影的竞争变得激烈起来。但此时的华纳公司已经借助最早进入有声电影的优势，具备了与大公司抗衡的能力。1929年，华纳公司总共制作86部电影，净利润超过1400万美元。20世纪30年代，华纳公司进入历史上最辉煌的制片时期，旗下涌现一大批光彩夺目的明星。众多的电影明星和无数经典影片，展示了第二次工业革命时期美国好莱坞电影行业的盛况。

案例2 民国时期的上海唱片产业

19世纪末，美国发明家爱迪生发明了留声机，留声机开始在欧美普及并很快进入中国。一战期间，法国人在上海引进一系列设备和技术人员，成立百代唱片公司（以下简称百代）。当时，上海共有数家唱片公司，除了百代外，还有胜利唱片公司、大中华唱片公司等，其中百代规模最大。从压片机数量上说，大中华唱片公司有8台，胜利唱片公司有12台，百代则有24台；从录音范围上说，大中华唱片公司基本上只在上海录音，胜利唱片公司和百代除在上海本地录音外，还到全国各地大量采录，且品种繁多。抗日战争前夕，百代录制川剧70多面，胜利唱片公司录制秦腔70多面，这些唱片很多完好地保存至今。

百代出版的唱片品种繁多，包括戏曲、曲艺、器乐曲及当时的流行歌曲，其中国语流行歌曲数量最多，也最为人津津乐道，其中就包括音乐家陈歌辛创作的大量流行歌曲，如大众至今耳熟能详的《玫瑰玫瑰我爱你》。这首歌不仅中国人熟悉，

1951年由美国歌手弗兰基·莱恩翻唱的英文版本也广受欢迎，跻身当年全美流行歌曲排行榜的前列。可以说，《玫瑰玫瑰我爱你》是中国第一首走向世界的流行歌曲。此外，百代还培养了一大批电影、歌坛明星，如李丽华、李香兰都曾在百代录制了大量歌曲。

三　第三次工业革命与数字文化产业的发展

第三次工业革命又称信息革命，开始于20世纪40~60年代。诞生于1946年的电子数字计算机，占地170平方米，但其计算能力仅相当于现在的计算器。1959年集成电路发明后，计算机性能提高和成本下降。1980年PC机的出现开创了计算机大众化时代。除了集成电路以外，光纤的发明为通信革命做出了历史性贡献。1966年美籍华人高琨在理论上证明了光纤的传输能力，20世纪70年代后期光纤通信进入商用。蜂窝通信技术的发明更开启了无线技术应用到公众移动通信领域的时代。这一时期的信息革命，带来了文化生产和传播的数字化，数字影视对基于胶片制作、发行和模拟信号的传统影视产生了巨大影响。20世纪90年代到21世纪初，互联网开始走进千家万户。数字和信息技术的进一步发展催生了文化产业的新业态，以游戏动漫、智慧旅游、数字影音、数字出版等业态为主的新型文化产业被称为"数字文化产业"。

信息技术的发展不仅推动了文化产业的生产与传播革新，也为文化产业提供了广阔的市场基础。互联网的发明和应用，使得文化产业以电脑为载体发生扩展；而随着移动终端的发展，文化产业进一步扩展到了智能手机、平板电脑等载体上。根据《2016年第39次中国互联网络发展状况统计报告》，截至2016年12月，中国网民规模达到7.31亿人，全年共计新增网民4299万人，互联网普及率为53.2%。值得注意的是，中国手机网民规模达6.95亿人，较

2015年底增加7550万人；网民中使用手机上网人群占比由2015年的90.1%提升至95.1%。① 移动设备成为影响数字文化产业发展的重要因素。目前已经实现了电视、电脑和手机之间的多屏互动。未来，可穿戴设备和AR技术将迅速发展，文化产业的消费情境将得到进一步扩展。

在数字文化产业的冲击下，传统文化产业为求生存积极创新，在生产技术和发行营销平台上积极向数字方式转化。其中音乐产业是一个典型的例子。

案例1　音乐产业的数字化转型

由于价格低廉的留声机、收音机等播放设备的出现，音乐产业自20世纪中期以来迎来快速发展。音乐的载体从黑胶唱片、磁带发展到CD光盘为止，全球音乐市场在实体销售时代一直由大型唱片公司所控制。21世纪初，环球、索尼、BMG、华纳公司、百代等五大音乐公司控制了全球CD、磁带七成以上的销售量。②

这种模式在数字化时代被完全打破。20世纪90年代，随着网络和数据存储技术的发展，大量的数字音频信息可以压缩成较小的文件，通过网络进行下载和传输。许多消费者因而停止购买唱片，转而通过网络获取免费的音乐资源。这一变化破坏了音乐产业原有的结构，使得传统唱片公司和市场在进入21世纪之后均遭遇严重的生存危机。以中国台湾为例，2000年以前音乐产业的产值接近55亿元人民币，但2009年大幅降至3.4亿元人民币以下。③

---

① 《2016年第39次中国互联网络发展状况统计报告》，流媒体网，https://lmtw.com/mzw/content/detail/id/141223/keyword_id/-1，2017年2月9日。
② 王松、唐莉芳、施妍：《信息传播大变局2：新媒体与数字娱乐传播》，上海交通大学出版社，2015，第155页。
③ 叶朗主编《北大文化产业评论》（2011年上卷），金城出版社，2011，第159页。

无法从实体光盘销售赢利的唱片公司，转而以音乐版权为中心，与在线音乐供应商开展合作。2001年苹果公司推出在线音乐商店iTunes store，提供受到数字版权管理（Digital Right Management，DRM）保护的音乐文件，只能在指定设备上播放。iTunes store和苹果公司所销售的音乐播放器iPod共同构成了一个完整的系统，提供有版权的音乐购买和播放服务。iTunes store因而成为消费者最常使用的在线音乐消费平台之一。消费者为每首歌或每张CD付费，付费之后可以永久欣赏；所付金额大部分交给唱片公司，苹果公司收取平台管理费。苹果公司推出的另一个流媒体音乐平台apple music不同于iTunes store，采用月付费模式，付费期间曲库内每首歌都可以免费听，唱片公司则通过平台收取曲库内歌曲的版权费获利。据2018年4月公布的数据，apple music拥有4000万订阅用户，月增幅达5%；其主要竞争对手spotify的付费用户超过7000万。①

在我国，数字音乐产业同样发展迅速。2005年前后，我国开始出现百度MP3、酷狗音乐、QQ音乐、虾米音乐等音乐流媒体服务平台。这一时期由于版权管理不严，大量网站提供没有版权的盗版音乐资源以吸引用户，很多网站在国家之后的整治盗版过程中关闭。2010年之后，随着智能手机的全面普及，数字音乐产业开始由PC端向移动端转移，各大网站纷纷推出手机应用App。2015年，随着对盗版音乐的整治工作进一步加强，用户选择的首要标准由原本的音质和易用程度转向网站资源存量。存续下来的网站通过向唱片公司等音乐版权方购买版权建立正版曲库，基本完成了资源正版化的过程。在这一过程中，资本雄厚的大公司无疑占据有利地位，因此出现了大量网

---

① Shirley Halperin, *New Apple Music Head Named as Service Surpasses 40 Million Subscribers* (EXCLUSIVE), https://variety.com/2018/music/news/apple-music-40-million-subscribers-oliver-schusser-1202750066/, 2018-04-11.

站合并的情况，版权逐渐集中到了阿里音乐（包括虾米音乐、阿里星球）、新音乐集团（包括 QQ 音乐、酷狗音乐、酷我音乐）等少数几家巨头手中。① 除了原有的广告收费之外，付费会员、数字专辑等商业盈利模式也终于受到了市场的认可。在线音乐收入从 2012 年的 18.2 亿元迅速增长到 2017 年的 180 亿元。② 目前，我国的数字音乐产业正处于稳步发展阶段。

根据国家信息中心信息资源开发部 2017 年发布的《数字文化产业发展情况》，近年来数字文化产业在中国发展迅速。从细分行业来看，2016 年中国游戏市场销售收入达到 1655.7 亿元，游戏用户规模达到 5.66 亿人。动漫领域 2016 年总产值达 1328 亿元。③ 在网络视听领域，以网络剧、网络电影为代表的网络原创视听节目创作生产高速增长，2015 年营业收入达 531.5 亿元，2016 年上半年我国网络视频用户规模达 5.14 亿人，占网民总数的 70% 以上。④

另外，随着媒体设备的普遍化和技术门槛的降低，用户本身加入了文化产品的创造之中。据不完全统计，2015 年国内网站签约作者约 250 万人，另有超过 2000 万人在网上不定期进行创作。⑤ 音频分享平台喜马拉雅短短几年内就集聚了 10 万名主播，部分主播收入远超一般收入水平。在网络直播领域，2016 年上半年，网络直播市场营业收入为 82.6 亿元，2015 年至 2016 年 10 月全国在线直播

---

① 叶朗主编《中国文化产业年度发展报告（2017）》，北京大学出版社，2017，第 390~400 页。
② 《2017 年度中国在线音乐市场研究报告》，比达网，http://www.bigdata-research.cn/content/201801/648.html，2018 年 1 月 29 日。
③ 崔保国主编《中国传媒产业发展报告（2017）》，社会科学文献出版社，2017。
④ 《国家互联网信息办公室发布〈数字中国建设发展报告（2017 年）〉》，中国网信网，http://www.cac.gov.cn/2018-05/09/c_1122794507.htm，2018 年 5 月 9 日。
⑤ 王坤宁、李婧璇：《网络文学价值重塑驱动产业升级 融合发展是趋势》，人民网，http://media.people.com.cn/n1/2016/1202/c40606-28919118.html，2016 年 12 月 2 日。

平台数量超过 200 家。① 用户创作的图片、视频和音乐内容快速增长，同样影响了数字文化产业的发展格局。

案例 2　阅文集团与中国网络文学产业

阅文集团是国内最具代表性的网络文学企业。据其官网提供的数据，阅文集团旗下拥有 1220 万部作品、810 万名创作者，覆盖 200 多个内容品类；拥有起点中文网、创世中文网、红袖添香等网络文学网站，QQ 阅读、起点读书等移动阅读应用，天方听书、懒人听书等有声读物网站，中智博文、聚石文、华文天下等图书出版公司。

阅文集团的发展历史最早可以追溯到 2002 年起点中文网成立，这是中国最早的付费网络文学阅读网站之一。2004 年被盛大网络收购的时候，起点中文网已经拥有 100 万名注册会员和 2 万名注册作者，并实现了盈利。以网络游戏起家的盛大网络看到了网络文学的商业市场和拓展价值，陆续收购了起点中文网、红袖添香等一系列网络文学网站，整合在 2008 年成立的盛大文学旗下。2013 年，原起点中文网的团队离开盛大文学，创办了创世文学网，创世文学网随后归入腾讯文学。2015 年，腾讯文学和盛大文学联合成立了新公司阅文集团，统一管理两家公司旗下的所有文学创作和出版平台。2017 年，阅文集团瞄准海外市场，推出了起点国际（Webnovel），在提供原有中文作品译作的同时，也积极吸引英文创作者加入平台的商业模式。2017 年 11 月，阅文集团在中国香港联交所主板上市。

目前阅文集团最主要的收入来源是网络文学的付费阅读。早在起点中文网成立不久的 2003 年，起点中文网就推出了 VIP

---

① 《视频直播势头猛　预计到 2020 年市场规模将达 600 亿》，http://media.people.com.cn/GB/n1/2016/1208/c40606-28933938.html，2016 年 12 月 8 日。

会员收费阅读制度，收入由平台与签约作者三七分成。这为中国网络文学行业建立了第一套完整的商业模式，不仅提升了作者的创作积极性，也培养了一批愿意为优质网络文学内容付费的读者群体。目前，付费阅读可以分为三种模式：(1) 章节付费，作品早期通过免费章节吸引和积累读者，但后续更新需付费阅读；(2) 包月付费，读者通过交纳一定的月费，可以阅读网站上所有的非免费章节；(3) 打赏付费，读者购买网站虚拟货币赠送给作者作为礼物，作者按比例兑换回人民币。根据签约作者的等级，平台和作者之间按照不同的比例对收入进行分配。据阅文集团《2016年网络文学发展报告》，2016年整个集团稿酬发放近10亿元，按照平台与作者四六分成计算，阅文集团当年的付费阅读收入应不低于7亿元。[①] 除了自家版权所有的网络文学作品之外，阅文集团也在积极拓展包括传统图书内容在内的数字出版业务，以同时满足不同群体的阅读需求。以QQ阅读为例，在提供阅文集团签约作家的网络文学作品以外，也提供大量传统作品的正版电子书的购买渠道。

　　阅文集团另一令人瞩目的商业模式是围绕网络文学作品的全产业链发展，即当前最为流行的"网络文学IP改编"。腾讯集团是阅文集团的最大股东，腾讯为阅文集团旗下作品的全产业链发展提供了所需的资金和渠道。目前，阅文集团已经基于《鬼吹灯》《盗墓笔记》《琅琊榜》《择天记》等网络文学作品输出了大量优秀改编作品，形式涵盖电影电视、动画漫画、舞台表演、网络游戏等。从互联网"粉丝经济"的角度看，多媒介改编作品一般在几年内陆续推出，始终将消费者群体的关注度维持在高点，使网络文学作品的内容作为文化资源得以在更长的时间段里保持生命力。通过多种媒介之间的协同，阅文集

[①] 转引自叶朗主编《中国文化产业年度发展报告（2017）》，北京大学出版社，2017，第345页。

团实现了同一文化资源的多轮收入，最大化文化资源的商业价值。

在中国，移动数字文化产业逐渐成为主流。2016年移动游戏市场收入占游戏产业收入的比重超过客户端，达到49.5%。截至2015年底，网络文学用户规模已经达到2.97亿，其中手机网络文学用户规模为2.59亿，占比超过80%。截至2016年6月，手机视频用户数达4.4亿，占网络视频用户数的比重超过80%，而2011年占比仅为25%，未来手机端将成为网络视频行业主要用户和收入来源。[①] 除了智能手机以外，以可穿戴设备为代表的智能化产品已经表现出巨大的发展潜力，如iWatch等，可能在未来成为文化产业的另外一个重要载体。

2016年12月，国务院发布《"十三五"国家战略性新兴产业发展规划》，数字创意产业被列为"十三五"时期我国战略性新兴产业发展的五大支柱产业之一。可以预见，未来数字文化产业发展将迎来高速成长的繁荣时期。

2019年，数字创意产业已成为第三次工业革命以来科技与文化互动融合最集中的体现，以5G、云计算、区块链为代表的数字技术给中国创意产业带来了巨大的变革和想象空间。

[①] 《数字文化产业发展现状、问题及趋势》，搜狐网，https://www.sohu.com/a/159396472_488901，2017年7月23日。

第二章　中国历史文化资源与文化创意产业

创意是文化产业升级成为文化创意产业的关键要素。相对于文化产业中文化产品可以大规模复制的特征，文化创意产业更强调"创意"对文化产业的重要作用；而创意的逻辑基础不仅在于创意者的天才与智慧，更在于创意者是某种文化精神的代言人，文化创意产品在更高的层面上代表了一定的文化诉求。由此，我们认为，历史文化资源乃创意之根本。

中国拥有绵延5000多年的历史和丰富的文化资源，这是今天的中国人进行文化创意的重要文化来源。然而，在技术标准、商业话语高度统一的今天，包括中国在内的非西方国家在发展文化产业的历程中同样面临着来源于西方的"全球一统"的压力。如何认识、理解和使用这些本土文化资源，使其完成从文化资源到文化资本再到文化商品的多重转化，并在此过程中正确处理全球化与地方性之间的关系，是本章讨论的重点。

第一节　全球化带来的文化主体困境

全球化首先是对经济活动的描述。经济全球化（Economic Globalization）指世界经济活动超越国界，通过对外贸易、资本流动、技术转移、提供服务、相互依存、相互联系而形成全球范围的有机经济整体的过程。经济全球化是商品、技术、信息、服务、货币、人员、资金、管理经验等生产要素跨国、跨地区的流动，由此世界经济日益成为一个紧密联系的整体。而经济合作与发展组织（OECD，以下简称经合组织）则认为，经济全球化可以被看作一种过程，在这个过程中，经济、市场、技术与通信形式都越来越具有全球特征，民族性和地方性减少。本书认同经合组织的定义，因为经济全球化是近代以来世界经济发展的重要特征。早在16世纪，欧洲人开启的"地理大发现"就打破了海洋对洲际大陆构成的天然阻隔，人类的商业活动第一次具有了真正意义上的全球属性，不同陆域上的人民和原本区域性的经济活动首次被广泛地联系在一起。18世纪中叶至19世纪中叶，欧洲先后发生了工业革命，进一步延续了大航海时代的殖民扩张活动。资本主义生产关系外延到殖民地的经济与社会生活中，全球不同区域物质产品的生产、分配、交换、消费都被烙上了欧洲人引领的全球化的印记，同时，不同区域的生产也被纳入全球工业体系的分工之中。20世纪90年代以来，经济全球化得到了迅速的发展，它以科技革命和信息技术发展为先导，涵盖了生产、贸易、金融和投资各个领域，囊括了世界经济和与世界经济相联系的各个方面及全部过程。全球化发展至今，即时的高科技通信手段、方便快捷的交通运输方式、遍布全球的经济网络，逐渐将整个地球融合成为一个"地球村"。同时，我们也要看到，经济全球化是在不公平、不合理的国际经济旧秩序没有改变的条件下形成和发展起来的。在经济全球化中占有主导地位和绝对优势的是西方发达资本主义国家，在经济全球化中资本主义的内在本质和规律性特征会得到充分的体现：少数大国操纵世界经济事务；局部地区的民族摩擦、经济危机以及政治经济的震荡时有发生，增加了国际政治经济的不稳定性和不确定性。

其次，全球化并不仅仅局限于经济领域，而是渗透进人类社会生活的方方面面；在此过程中，精神产品的生产、分配、交换和消

第二章　中国历史文化资源与文化创意产业　*41*

费也越来越显现跨越民族、国家疆界的全球化特征。由日常标准化的消费品到日益相似的文化产品，人类正成为一个联系紧密的整体。我们认为，文化全球化（Globalized Cultures）应该是经济全球化的伴生物。进入大航海时代以来，欧洲人对世界海洋势力范围的角逐就是毛瑟枪与《圣经》并举，左脚写着"财富"、右脚刻着"传教"走遍了世界。① 对此，约翰·汤姆林森指出："全球化处于现代文化的中心地位；文化实践处于全球化的中心地位。"②

　　文化全球化很大程度是由文化产业的兴起推动的。随着文化的商品化和产业化，文化跨越了传统的区域和民族文化界限，通过不断扩大的全球市场体系，以"无国界"的形式传播到全球。虽然不同区域的文化产品在理论上都有同样的面对全球市场的权利和条件，但是，文化工业抑制差异性的标准化特征和全球文化产业发展的极度不平衡，导致在经济、技术和产业发展上领先的西方国家的文化和意识形态具有更强大的渗透能力。特别是 20 世纪末以来，网络传播技术更是形成了对民族文化的挑战。在技术层面上，网络传播源自美国，是现代工业和信息技术发展的产物。如果说，技术属于生产力范畴，是价值中立的；那么，技术的社会应用则是有价值取向的。网络传播技术更是如此。在今天的信息社会中，网络传播技术实际上是一种信息控制和文化资源商品化的战略性技术，因此，网络技术从其诞生之日起就由国家力量所推动，最先应用在军事和政治领域。在社会文化领域，网络传播及其背后庞大的传媒力量通过控制彼此之间的交流渠道，塑造通过网络传送的文化内容，从而对世界上其他地方的人群产生影响。近年来，这种影响力同样出现在美国的总统选举与英国的"脱欧"投票中。人类历史上从来没有出现过这种全面控制人类交流的先例。拥有涵盖

---

① 苏文菁：《区域与全球的互动：明代至民国的中国东南文学考察》，北京大学出版社，2013，第 13 页。
② 转引自郁建兴、周俊：《全球化文化理论述评》，《资料通讯》2004 年 Z1 期。

全球的通信网络的跨国传媒公司，正在世界各地挖掘当地的文化资源，并把它们作为文化和娱乐产品重新进行包装。如此一来，在网络时代，文化资源被商品化了，它不再只是一种人文涵养，而成为一种"快餐式"的消费品；文化的神圣感被剥离，只剩下文化商品经营者手中的利润了。不少人认为，"文化全球化"实质上就是全球文化的"美国化""西方化"。对此，联合国教科文组织在2001年通过的《世界文化多样性宣言》中明确指出，目前世界上文化产品的流通和交换存在失衡现象，全球的文化多样性正在遭受巨大的威胁。

同时，我们也应该看到，文化全球化是当今世界文化发展中的一种客观趋势，文化全球化本身是一种历史进程。因此，文化全球化不等同于"文化殖民化"或"文化霸权主义"，但存在突出的全球文化发展不平衡现象。在文化全球化进程中必然会提出民族文化的保护和发展等问题，任何民族只有积极融入文化全球化，在文化全球化中创造自己民族文化的新特色，才能共同参与构建全球文化新体系。

一　文化产品同质化

从全球视野看，随着通信、交通领域新技术的发生和发展，信息和图像的数字化，卫星传播和远程电话、新电缆和光纤技术以及全球互联网的应用，使文化产品的传播"即时性"地跨越了民族文化和民族国家的界限。如今，交流和通信日渐变成瞬间之事；卫星电视使得所有主要的新闻广播评论员可以向全世界每一个角落的观众进行即时转播。这种即时文化联系，以一种截然不同的形式使当代文化全球化具有了直接性和广泛性的特点。在全球化过程中，经济相对落后的国家和地区面临市场需求空间巨大而产品制作、供给能力严重不足的问题。而在以互联网为基础的信息社会，时间和空间的距离趋向于零值，时间与空间的多元组合和复杂裂变使空间不断被压缩、膨胀和碎片化,空间趋于"消逝";时间在速度和效率的压迫下,不断受到挤压,也趋于"消逝"。"正在被创造"的电子文化空间,裹挟着资本的无尽活力,以一种"无地方特性"的图像文化和虚拟的文化空间推动着全球范围文化产品的生产和分配,使经济相对落后的国家和地区面临着国际市场的直接冲击,在自身产品制作能力不足的情况下,容易导致文化产品的同质化和低级模仿现象的出现。

在当代中国,这种情况尤以电视综艺节目为甚。自从引进英国、美国与韩国的综艺电视节目之后,中国各大电视台综艺节目的同质化现象越发严重。2013年,湖南卫视模仿韩国亲子类综艺节目,推出真人秀《爸爸去哪儿》,一时间获得了口碑和市场的双重成功,全国各大电视台相继推出此类亲子节目。市场对该类型节目的模仿之风持续不断,2017年,除了各大卫视有类似的综艺节目(见表2-1)外,网络在线媒体也推出众多类似的题材(见表2-2)。节目的内容、形式趋同,同质化现象明显。不仅使观众审美疲劳,也是一种资源的浪费,这非常不利于我国电视媒体的可持续发展。

表2-1 2017年儿童、亲子类电视综艺节目

卫视	节目名称	播出时间	节目类型
安徽卫视	《超级育儿师4》	已播完	大型育儿亲子真人秀
山东卫视	《育儿大作战1-2》	1月13日	大型家长成长类真人秀
湖南卫视	《神奇的孩子》	2月3日	儿童智趣才艺脱口秀
深圳卫视	《闪亮的爸爸》	2月4日	明星帮扶儿童成长情感观察秀
江苏卫视	《歌声的翅膀》	3月19日	原创少儿励志音乐类
北京卫视	《厉害了,奶爸》	5月23日	准爸爸蜕变纪实真人秀
深圳卫视	《辣妈星计划》	Q2	大型明星辣妈励志综艺秀

资料来源:《2017泛亲子类节目一览,不声不响进入风口期》,搜狐网,https://www.sohu.com/a/141781009_470079,2017年5月19日。

表 2-2 2017 年儿童、亲子类网络综艺节目

平台	节目名称	播出时间	节目类型
腾讯视频	《放开我北鼻2》	2017.3.12	明星萌娃成长真人秀
	《北鼻出没》	2017.Q2	儿童洞察脱口秀
	《耐撕爸妈》	2017.4.20	成长观点秀
爱奇艺	《熊孩儿出没》	2017.6	儿童行为花式观测真人秀
	《了不起的孩子2》	2017.7	萌娃网络脱口秀
优酷土豆	《美少年幼稚园》	2017.Q2	明星亲子体验秀
	《回家吧孩子》	2017.Q2	亲子综艺真人秀
	《弟弟妹妹跟我走》	2017	亲子综艺真人秀
	《神秘小孩的生活》	2017	萌娃养成真人秀
	《德国制造的孩子》	2017	幼儿教育真人秀
芒果TV	《妈妈是超人2》	2017.3.30	明星育儿观察类真人秀
	《爸爸去哪儿5》	2017.Q4	大型明星亲子户外真人秀
乐视	《崔神驾到》	2016.5.20	纯网育儿综艺节目
	《奶爸战争》	2017.Q3	明星亲子养成真人秀
	《boy的平方》	2017.Q3	偶像学前育儿真人秀
搜狐	《厉害了world娃》	2017	素星亲子真人秀

资料来源：《2017 泛亲子类节目一览，不声不响进入风口期》，搜狐网，https://www.sohu.com/a/141781009_470079，2017 年 5 月 19 日。

一方面，我们切身感受到西方标准、西方文化产品对包括中国在内的后工业国家的巨大压力；另一方面，我们也应该看到，在中国境内，现代传媒产业出现以后，在其所能覆盖的广阔区域范围内，受众史无前例地接受着相同的信息。特别是 20 世纪末，中国实现广播电视"村村通"之后，一方面，有利于传递中央的政策与决定，有利于动员全社会的力量，共同改革攻坚奔小康；另一方面，由于这种现象在现代传媒产业诞生前是不可能出现的，彼时，不同地区有自己独特的文化生活，在中国，由于不同地区方言的影响，不同地区有不同的音乐与戏曲，如评剧、京剧、黄梅戏、闽剧等。而大公司通过现代传媒产业强大的传播能力，创造品牌神话，诱使大众相信：只有这些文化产品才是值得欣赏和喜爱的。这种

"同一声音"的标准化极大地压缩了地方经验的存在空间。我们认为,在今天的中国,地方经验与区域文化依然具有鲜活的生命力,具有反哺主流文化的活力。

二 地方文化主体性模糊

地方文化主体性模糊的另一面是西方国家的文化霸权。文化霸权的建构是一个与经济、技术、文化全球化乃至军事霸权同步的历史过程,也是西方发达国家软实力的表现。在文化霸权的驱使之下,发达国家的文化产业以一种"诱导"的姿态来迫使其他民族文化对其认同,进而形成了一种"话语霸权"。在知识产权的护航下,经济发达国家通过跨国公司在全球性的市场上进行运作,以合资、参股等方式将大量资金注入地方性的文化产品尤其是传统文化产品,使其版权经过一定的市场转换从而为自己所有,即国际资本以极低的价格获得宝贵的地方性文化资源。同时,发达国家在文化产品的生产上,凭借文化创意产业的先行发展,以其现有的较为完善的产业形态与所掌握的技术和管理优势等,利用发展中国家的民族文化元素,不断构建和拓展国际性市场。在全球化的冲击下,不同民族文化的主体变得越来越模糊。

从理论上说,不同区域的文化产品都有其不可取代的价值,都有面向全球市场的权利和条件,全球文化互动的内在动力正在于不同文化在形式与意义上的互补。从产业发展的视角看,区域文化同样具有产业与消费属性。今天,在全球化背景下,非西方社会的区域文化面临外来强势文化的强烈冲击,具有"全球意义"的文化却不是全球各种文化的抽象和平均,而是经济技术发达的西方国家通过一些支配程序而展开的全球作业。

案例1 美国电影《功夫熊猫》

以美国电影《功夫熊猫》为例,2008 年,美国好莱坞制作的《功夫熊猫》在中国上映，首周票房 3800 万元，上映三周累计总票房超过 1.35 亿元，成为当年中国第一部票房过亿元的动画片。不可否认，叫好又叫座的《功夫熊猫》系列动画片向世界推广了中国与中国文化符号，但我们不能忽视，在中国文化外衣的包裹之下，该系列电影的核心价值是西方价值观。一是《功夫熊猫》电影中充斥着大量西式无厘头式幽默，而隐藏在这些无厘头式幽默下的实质，是西方资本主义对文化的娱乐与消费。二是强烈的个人英雄主义色彩。与中国传统文化中对集体团队合作高于个人作用的描述与表达不同，《功夫熊猫》系列动画片更倡导个人英雄主义。这种西方个人英雄主义形象也正是"美国梦"的体现。三是《功夫熊猫》系列动画片中的英雄虽是中国元素，但其内核隐含的是与中国文化有极大差异的西方平民化英雄。《功夫熊猫》系列动画片对英雄的"去神化"，某种程度上与"美国梦"的内涵不谋而合，即每个人通过努力都能成功。在西方电影中，这种"去神化"包装下的"美国梦"精神将人与英雄放在平等的地位，是"美国梦"的传输。①

其实，这种以异域文化符号为表、西方文化价值为里的"话语霸权"是以美国文化为代表的一种新的价值观输出方式。随着近年来中国综合实力的增强、国际地位的提高，美国对中国的话语也逐渐从万恶的"傅满洲"[傅满洲是英国作家萨克斯·侯麦创作的系列小说中的人物，他是个利用各种稀奇古怪的法门杀人如麻的恶棍，企图征服全世界。他的故事后来被改编为漫画、电影、电视、广播等其他艺术形式，渐渐成为与"黄祸"等价的文化符号。好莱坞第一次将傅满洲搬上银幕是 1929 年派拉蒙的早期有声片《神秘的傅满洲博士》。李小龙在

---

① 林索菲：《隐藏在中国传统元素外表下的西方文化霸权——以动画电影〈功夫熊猫〉系列为例》，《传播与版权》2016 年第 3 期，第 110 页。

将"功夫"(Kungfu)写进英语词典,并打破华人刻板形象的同时,无意中也为华人树立起一种新的刻板现象——那就是中国人都能打、中国人只能打。这种形象后来因成龙、李连杰、周润发等相继进军好莱坞得以强化。西方电影中渐渐出现这种俗套,只要是华人出场,那么他一定是个武功高手]过渡到借中国文化的符号讲美国价值观的时代,典型的除了系列电影《功夫熊猫》外,还有《花木兰》。这两部电影都是在中国文化的外衣包裹之下,用西方式的幽默和个人主义来展现中国文化,跟中国传统文化的内核是存在差距的,电影展现的实际上并不是中国文化的核心价值观。这种文化策略值得我们关注、分析。

除了在国际舞台上把握中华民族话语主体的主权之外,与之相应的是在中国国内对多样化中华文明的理解与尊重。我们知道,"中国"不等同于"中华",中华文明包括以中原农耕文化为代表的文明形态,以及以游牧文化、海洋文化等为代表的文明形态。中华文明的多样与丰富是中国发展文化创意产业取之不尽的民族文化资源,也是我们认为中国可以在文化创意产业中实现"逆袭",为人类提供多样化的精神产品的最重要的依据。文化产品的主体性必须落实到具体的区域空间之中。这一部分,我们将在后面的章节中讨论。

第二节 文化创意产业的内容

传统历史文化资源与当代社会有着时空的差异,如何以创意的思维在其中寻找并搭建起逻辑与叙述的框架?本书认为"跨界"在此具有特殊的意义,因为创意(产业)经济的根本观念是通过"跨界"促成不同行业、不同领域的重组与合作。同时,我们认为文化创意产业之"创意"包括三方面的内容：一是赋予传统文化内容以新的时代精神；二是挖掘各民族、区域原有的却未曾被发现的文化资源；三是将文化内容向其他行业渗透。

一 创意与跨界

创意（产业）经济以创意为基本动力，在财富的生产、文化的积累、就业机会的创造，以及推动城乡发展、促进技术改革、提高一个城市乃至国家竞争力等方面开始发挥重要的作用。从西方发达国家近年来的实践看，"跨界"在面对第二产业的升级调整、第三产业即服务业的细分，打破第二、第三产业的原有界限，融合第二、第三产业的新的增长点方面已取得不小的成绩，也积累了一定的经验。我们知道，第二产业要有创意，实现产业高端化，才能实现增值服务化，以文化创意为引领，推动文化与经济的共同发展。传统的第二产业卖产品、卖机器，而创意产业则卖设计、卖理念、卖精神、卖心理享受这些增值服务。因此，"创意"成了当代产业架构中的一种根本性设置，它决定了产业的性质、层次和所处的阶段，并由此决定了产业的管理。创意产业的发展靠创意阶层，靠创意群体的高文化、高技术、高管理能力，形成新创意和新经济的"杂交"优势。创意产业往往是在制造业开始衰落或转型、服务业不断壮大的基础上形成的。创意产业中既有设计、研发、制造等生产活动领域的内容，也有与高科技相关的内容，更有第三产业中的生产性服务业和消费性服务业。英国经济学家约翰·霍金斯在《创意经济：如何点石成金》一书中，将创意的概念界定为催生某种新事物的能力，代表了一人或多人创意和发明的产生，而这种创意和发明必须是个人的、原创的、具有深远意义的。1992年，当微软公司的价值超过传统的汽车制造业巨头通用公司的时候，《纽约时报》认为，微软的唯一资产是员工的创造力。正如比尔·盖茨所说：创意具有裂变效应，一盎司创意能够带来不计其数的商业利益、商业奇迹，还有文明的跨越和精神层面的提升。这与约翰·霍金斯的论述是何等的相似，拥有创意的人开始变得比使用机器的人能量更大，在很多情况下，甚至胜于那些拥有机器的人。[①]

同样，在文化创意产业中，本书将"创意"的本质归为"跨界"。创意即跨界，指的是创意在不同文化行业、不同时空等多样化的跨界呈现。创意可以说是人类智力活动中最为新奇与有创造力的部分，它既可以是点子、谋略、对策等，也可以是文艺创作、广告制作、营销策划、企业CIS的核心部分。

创意是技术和文化相结合的创造。首先，创意是一种思维能力，是人的主观思维活动的结果。创意产业的灵魂是创意，创意的灵魂是创意者，所以，创意实际上就是一种创造性的思维活动。

其次，创意是一种文化活动。传统的美学一直把创意或独创性视为艺术家或者艺术创作的独特品质，其实，创意早已突破了艺术家的创造性和独创性的藩篱，它既包括艺术家创作艺术作品的独特灵感，也包括将独特的创意与他人分享的过程——出售、营销、供人消费、实现其价值的流通方式。由此可见，创意作为一种文化活动，包括文化投资、文化经营、文化商品贸易甚至文化保护等一系列经济活动。

最后，我们认为创意是一种特殊的生产要素。随着市场经济的不断发展，特别是社会分工的不断深化，创意从人力资本中分离出来，成为一种相对独立的、越来越重要的生产要素，其不同于一般的已显性化、编码化的知识，而是具有不确定性和互补性的鲜明特点。创意的物化产品和服务能否被市场所接受，在事前大都是未知的，只有最终经过市场的检验才能有明确的答案。创意同时是人类社会知识分工的一种深化。它本身并不能直接转化为显性生产力，只有与已有的各种相关知识及各种类型的要素资源有机地结合起

---

① 〔英〕约翰·霍金斯：《创意经济：如何点石成金》，洪庆福、孙薇薇、刘茂玲译，上海三联书店，2006，第3页。

来，并发生不同程度的嬗变，才能有效地发挥自身的使用价值。①

案例2　宋徽宗的书画考试与创意

创意作为一种思维方式，并不仅为现代社会所特有。我国宋代的书画创作就非常讲究创意。宋徽宗之前，画院以考生临摹能力作为考察重点。宋徽宗改革了这种注重摹写的考试方式，重视构思奇巧与创造性。某次，他以"野渡无人舟自横""深山藏古寺"作为画院考试题目。大多考生从这两道题的字面意思上理解，在江边画条横着的船；在山腰画座古庙，或者在丛林深处，用寺庙的一角或者一段残垣断壁来表现藏。但最终获得宋徽宗赏识的分别为描绘了三只停在船边休息的鸟儿，以及描绘茂密的树林中一个要去挑水的和尚的画作。

从创意即跨界的角度看这两幅受赏识的作品，创作者跨越时空，融入创作环境中，用常理中害怕人类靠近的鸟休息的状态表现"无人"；用茂林里挑水的和尚表现"藏古寺"，充分展示了创意出乎意料却又在情理之中的特点。

二　文化创意产业的内容

如前所述，本书认为文化创意产业之"创意"包括三方面的内容，具体分析如下。

（一）赋予传统文化内容以新的时代精神

传统文化是一个民族、一个国家共同拥有的文化基因，是民族文化在历史长河中深厚积淀的集体硕果，是民族精神、民族价值认同、时代精神风貌和文化创新意识的集体体现。当代世界，非西方国家大多经历了本民族的自然历史发展进程被西方国家"干扰"

---

① 张岩松、穆秀英：《文化创意产业理论与实践》，清华大学出版社，2017，第10页。

"打断"的痛苦；这种痛苦很大一部分就来源于本国文化传统的"断裂"。一方面是西方灌输的所谓的普世价值观，另一方面是本民族的独特历史与民族共通的文化现状。在此矛盾状态之中，如何将新的民族的、时代的精神注入传统的文化内容之中，使其更容易为生活在当下的人们所理解、喜欢和接受，是必须要考虑的。我们应该看到，如此并不仅仅出自商业利益的驱动力，而且是民族文化进步与更新的内在需求。习近平同志 2013 年在全国宣传思想工作会议上指出，要清楚中华优秀传统文化是中华民族的突出优势，是我们最深厚的文化软实力。"传统文化是中华民族的突出优势"已经成为党的基本判断，但是，如何将传统文化这一资源性的突出优势转化为现实的文化软实力，成为今天的中国人讲好中国故事的资源，并使之汇入浩浩荡荡的世界潮流之中？这些都是文化创意产业的从业人员需要认真思考的问题。

以中国四大名著之一的《西游记》来说，故事人物和故事情节已广为大众所知。20 世纪 90 年代的电视剧《西游记》，高度还原了原著，且对人物形象进行了美化，符合 90 年代人民质朴的精神状态。而电影《大圣归来》，用轻松的、娱乐化的方式改编原著，符合该电影对年轻人群体的定位。

（二）挖掘各民族、区域原有的却未曾被发现的文化资源

从全球视野看，在漫长的历史发展过程中，不同区域的人民都在自己的祖居地创造出合适的生存文化。只是几百年前，欧洲人的殖民与扩张试图将世界的其他区域"强行"纳入工业化网络之中，其中也包括对文化的选择与认同。伴随着全球工业化进程的，是非西方国家和地区本民族语言与文化的被边缘化、萎缩与消失。与大自然生态相同，文化的单一是人类社会的灾难，随着文化创意产业大潮的到来，不同民族、区域多样性的文化必然获得新的生机与活力。

如果说，在国际视野上，"欧洲中心论"长期控制着学术界的话语的话；那么，中国人的知识体系则是绝大部分建构在960多万平方公里的陆域面积上，以农耕文化为主，"中原文化优越论"在一定程度上屏蔽了中华文明的多样性。如果说，中国历史上存在元朝、清朝等游牧民族兴建的王朝，从而使得游牧文明文化若隐若现地保留在中华文明之中，而中国东南沿海的海洋发展历史与文化在中华文明中的声音却是微乎其微的。对于中国东南沿海的海洋族群所创造的古代造船技术、航海技术，乃至中国人经略海洋、捍卫海疆的历史，中国人知之甚少。作为拥有5000多年文化传承历史的大国，需要从事文化创意产业的群体，充分、全面地挖掘丰富的文化资源，使其以更新的形式进入人们的视野，发挥文化应有的作用。

（三）将文化内容向其他行业渗透

将文化内容向其他行业渗透是指，文化通过与其他具体的行业相结合，如旅游行业、城市更新与规划设计、特色小镇建设等，并融入其他行业中，成为引领其发展的重要力量。通过行业上的跨界，今天的文化产业在传统行业的基础上，还涵盖了第三产业中的部分服务业，并不断向产品设计和研发等制造业领域的内容渗透。在现阶段，文化和旅游业的融合值得关注。

在党的十九大之后的中央机构调整中，极具建设性的调整就是"文化部"与"国家旅游局"合并后出现的"中华人民共和国文化和旅游部"（以下简称文旅部）。"推进文化和旅游的融合发展"是文旅部的重要职责，"诗与远方"很形象地解读了文旅部的这一职能。

其实，文化和旅游有着天然的内在联系，中华民族自古以来就把旅游和读书结合在一起，崇尚"读万卷书、行万里路"。文化和旅游的主体都是人，理想状态下的旅游是文化活动、自然景观、人文景观和人的心理欲望、审美需求等同构的实现过程。因此，文化和旅游的深度融合，是文化和旅游两者内在的本质要求和共同的发展方向。

文化和旅游的深度融合，从旅游主体层面而言，融入的文化应该有以下三个层面。首先是文化内涵。中国幅员辽阔，地理地貌丰富多样，"原住民"在与自然的长期互动中都有一些独特的文化印记。深入挖掘这种独特的文化资源，并将其融入旅游营销宣传口号，景点的命名、介绍之中。以独特的文化资源为素材创作景点对联、故事、诗词歌赋、音乐歌曲、书法绘画作品等，有条件的地方还可以与研学游学、博物馆等文化项目相结合。其次是文化设施。旅游景区、景点及所处城、乡等都要具备较为完善的相关配套文化设施，营造与该区域的自然、历史、人文特色相协调的文化氛围。最后是文化产品。旅游产业涉及游、玩、食、宿、购等项目，各景区、景点应加大对相关特色主题文化民宿、系列特色产品、工艺品等文化和旅游产品的开发力度，不断提升旅游产业的整体效益。以文化为灵魂丰富旅游内涵、促进旅游发展，以旅游为载体彰显文化魅力、促进文化繁荣，形成旅游依文化兴盛，文化借旅游繁荣的局面。

第三节　文化创意的本土文化资源

在文化创意产业中，文化资源无疑是核心生产要素，是原材料。文化资源是文化创意产业重要的内容和支撑，也是文化产品创作和生产中创意的来源。

《现代汉语词典》中将资源解释为"生产资料或生活资料的天然来源"。不难看出，传统知识体系中对"资源"的认识更偏向天然的、物质性的自然资源。随着时代的发展，"资源"的内涵不断扩大，逐渐由物质领域向精神领域拓展，成为一切可被人类开发和利用的物质、能量和信息的总称。资源的分类越来越细，资源涵盖的领域越来越广泛。

与自然资源和社会资源等传统资源相比，前人对"文化资源"的定义较为模糊。有人认为，文化资源是人类自身创造的、能为人类的生存和发展服务的一切优秀物质成果和精神成果的统称；也有人认为，不论是自然资源还是社会资源，只要被运用于文化生产或文化活动过程之中，且具有文化价值的，皆可算作文化资源。我们认为：文化资源由两部分组成，一部分是人类精神劳动的产物；另一部分是由人类赋予意义而产生了文化内涵的自然资源。

文化资源具体可以分类为有形的物质文化资源和无形的精神文化资源。有形的物质文化资源包括自然景观、名胜古迹及传统生产和演艺工具、工艺品与文化场所等实物，而无形的精神文化资源包括人类的各种实践、表演、表现形式、知识和技能，如语言、文学、美术、音乐、舞蹈、戏剧、曲艺、游艺、生产技艺、民间风俗等。

一 文化资源的特性

（一）文化资源的普世性

文化资源首先具有普世性。普世性，即被世界不同族群所公认的性质，对世界上所有的人或大多数人都普遍适用、能够为人们普遍认同和共享。"人同此心，心同此理。"文化资源本身就具有向普遍性延展的倾向。文化资源的普世性体现为人类共同关心的文化主题，基于不同文化之间的共同价值，达成文化间的融合，保证不同文化背景的人类之间的可理解性。

"难道犹太人没有眼睛吗？难道犹太人没有五官四肢、没有知觉、没有感情、没有血气吗？他不是吃着同样的食物，同样的武器可以伤害他，同样的医药可以疗治他，冬天同样会冷，夏天同样会热，就像一个基督徒一样吗？（……）那么要是你们欺辱了我们，我们难道不会复仇吗？要是在别的地方我们都跟你们一样，那么在这一点上也是彼此相同的。"[1]《威尼斯商人》中夏洛克的这段话，

---

[1] 《朱生豪译莎士比亚戏剧》，朱生豪译，人民文学出版社，2015，第130页。

正好论述了人类共同的生理认知机能,由此产生了相似的心理范式和情感的共通。而《威尼斯商人》本身,也凭此成为全人类共同欣赏的世界名著。

需要注意的是,文化资源的普世性是建立在文化多样性的基础之上的。尽管全球化使得社会发展表现出一体化的趋势,但这种一体化的趋势并没有使多元化的趋势消失,反而表现得更加突出。

(二) 文化资源的区域性

文化资源具有区域性的特点,也就是地区间的差异性。人类所形成的不同区域的文化特征,是先民们为在该环境中得以生存而采取的行为方式的总结。这种"行为方式"由两个不同的层面构成:核心文化与次要文化。所谓核心文化是与人们的生产方式、价值取向和社会活动紧密相关的文化特征,由于其与环境的关系密切,在生产力尚未发展到人类能够控制或者改变环境的漫长阶段里,该核心文化在特定的区域中不断加强,并形成一系列道德评判标准、行为规范、礼仪习俗与审美原则。可以说,核心文化是决定一个区域文化区别于另一个区域文化的最主要特征。而次要文化则是在不同的时期主动或被动接受外界的文化元素,或者由于内部的改革而产生变化的文化层面,它构成了丰富多彩的区域文化。

需要注意的是,区域有自然地理、行政地理和文化地理概念之分,既有三个区域相重的情况,也有两个区域相重,而另一个区域与这两个区域背离的情况,还有三种区域都不重合的情况。目前,绝大多数地方以行政区域为唯一的分界线,人为割裂了文化区域,破坏了区域文化的一体性。另外,由于文化的渗透性,在自然地理单位的边界上往往可以观察到区域文化之间的融合,从而在这些地区形成独特的文化过渡地带。在区域文化的认识过程中,不妨摆脱政治边界对思维和视野的桎梏,用商品、人群和文化在历史上的流动和交互进行区域和空间的界定。

区域文化资源作为有别于其他地区的独特成分，从生产和消费的角度看，就是差异性和稀缺性，它们是导致文化生产动机和文化消费需求的基础力量。例如，文化资源的旅游业开发，基于地域差异性而开发出来的旅游产品，才会有特色和吸引力，才会促使游客产生对该产品的旅游需求。区域文化资源的独特性也是该地区相对于其他地区的优势，是这一地区和其他地区相比较的有利条件。从这个意义上讲，区域文化资源本身就是区域文化创意产业开发优势的体现。差异资源形成差异产品，差异产品就是具有优势的产品，特别是在东方文化处于弱势地位的今天，能够体现出文化差异性的文化资源显得更加重要。

二 本土文化资源的内涵

（一）本土文化资源的丰富性

中国位于欧亚大陆东端，在人类文明史上创造出无与伦比的农耕文明。但是，我们的生存空间不仅包括陆地，也包括面向太平洋开放的漫长海岸线；陆地上不仅生活着农耕民族，也同样有游牧民族的存在。文化特色必须适应当地的需要，中华文明在各个地区的发展同中有异，始终呈现地方性特色。中华文明包括农耕文明、游牧文明、海洋文明。

夏商周时期，从事农业生产的华夏族与蛮、夷、戎、狄等各族杂居，其中戎、狄等族就是以游牧为生的族群。随着族群融合，中原地区的游牧族群逐渐转为定居生活；长城以北的草原地区和西南部的青藏高原地区成为游牧族群的主要生活区域。历史上，虽然农耕族群和游牧族群之间时有冲突，但是由于游牧族群需要农耕社会供给的各种生产生活用品如金属工具、丝绸、茶叶、粮食等，而农耕族群也需要游牧族群所生产的牲畜、皮毛等产品，两者之间的关系大部分时间仍是相互依存、相互促进的，他们共同构成了我国古代经济社会的整体。

在东面的滨海地区，夷、越族群的后裔组成了以季风、洋流为节点，以海洋（滨海区域、水面、岛屿等）为空间的社会组织，依靠海洋提供的渔盐资源与便利交通为生。随着唐朝中后叶中国经济文化重心的南移，中国的海洋族群开始走向历史的前台。凭借海洋的广阔性和开放性，中国海洋族群与阿拉伯人、印度人以及后来的欧洲人等族群共同在太平洋西岸和印度洋东部之间托起一个庞大的海洋社会经济活跃地带，"环中国海"成为当时世界海洋商路网络中最繁忙的段落，成就了中华海洋文明史上的"大航海时代"。

历代中央王朝的统治主要建立在农耕文明的基础上；农耕文明的主流和强势，使得中国人长期以农耕一元化取代中华文明的多样化。但是，我们在今天必须认识到，农耕文明、游牧文明和海洋文明都是中华文明的重要组成，为文化产业的创意创新提供了大量的本土文化资源。

我们以农耕文明、游牧文明、海洋文明对本土文化资源进行大致分类，每一类的内部也有其丰富性。以下以海洋文化资源为例进行分析。

一方面，不同时期、不同地点的海洋文化资源具有多样性。福建和广东都是我国的海洋历史文化资源大省，福建漳州月港和广东广州分别是明清两朝海禁时期的开放口岸。隆庆元年（1567），明政府宣布在漳州月港开海，允许漳泉两府商人经营海外贸易，"许其告给文引，于东西诸番贸易"[1]，规定中国商人可在这里领"护照"出去做生意，但外国人不能进来。清政府对"广州十三行"规定如下："凡商船照旧东洋贸易外，其南洋吕宋、噶罗吧等处，不许商船前往贸易……其外国夹板船照旧准来贸易。"[2] 外国商人能够进广州做生意，但中国商人不能出去。两地两个时期的海洋文化

---

[1] 《明神宗实录》卷三一六，"中研院"史语所，1962，第5899页。
[2] 《清圣祖实录》卷二七一，台湾大通书局，1987，第165页。

相比，差异在于一个是外向型，另一个是吸纳型。

另一方面，地方海洋文明在与其他文明互相呼应和互动中产生了新形态的海洋文化资源。15~19世纪，滞留东南亚的中国海商大量与当地马来妇女通婚，加上欧洲人的东来，逐渐形成了一个结合中华、马来以及欧洲文化色彩的族群"土生华人"。他们同时继承了中华民族的文化传统、马来人的生活方式、欧洲人的商业方式，是东西方海洋文明融合发展的独特产物。经过几代人对三种文化传统的选择，"土生华人"形成了本族群特有的行为模式，在语言、饮食、服装、建筑、器具等方面均独具特色，成为全新的族群，形成全新的文化。

（二）本土文化资源的时代性

工业革命以来，西方文明成为世界文明的主流，国际话语体系和知识体系长期为西方各国所把持。如何摆脱现有欧美中心国际观的限制、建立自己的话语体系，是中国亟待解决的问题。近年来，中国开始强调对传统文化的全面复兴。《关于实施中华优秀传统文化传承发展工程的意见》指出，实施中华优秀传统文化传承发展工程，是建设社会主义文化强国的重大战略任务。"一带一路"建设的实施是崛起的中国重返世界舞台中心的全球布局，中国本土文化是重建中国话语体系的支撑。

"让收藏在博物馆里的文物、陈列在广阔大地上的遗产、书写在古籍里的文字都活起来，让中华文明同世界各国人民创造的丰富多彩的文明一道，为人类提供正确的精神指引和强大的精神动力。"[①] 这是2014年3月27日习近平同志在巴黎联合国教科文组织总部发表演讲时提出的口号。本土文化资源的开发利用不仅可以获取经济利益，而且可以对本土文化资源的价值进行再发现。随着本

---

① 习近平：《出席第三届核安全峰会并访问欧洲四国和联合国教科文组织总部、欧盟总部时的演讲》，人民出版社，2014，第17页。

土文化资源进入文化创意产业，其中所蕴含的文化观念和价值理念将潜移默化地得到更为广泛和有效的传播。

当今，国与国之间的竞争已经从经济领域扩展到文化领域，中国传统文化资源的资本化有利于中国文化走出去，为中国文化产业参与全球竞争提供优势。当今世界主流强国大多以海立国，海洋是其文化底色，中国传统海洋文明无疑是最能与世界主流价值观接轨的文化资源宝库。为建设海洋强国，作为中华文明文化软实力的体现，本土海洋文化资源应成为新时期"反哺"主流文化的思想源泉。本土海洋文化资源将促进文化交流和文化互动的过程，完成对中国人乃至全世界共同历史记忆的唤起。

第四节　文化的经济价值实现

一　文化资源的资本化

文化资本是资本化了的文化资源，具有文化价值和经济价值，其通过市场化和产业化运作，实现文化资源的经济价值的过程包含创作、生产、传播和消费等四个环节。

（一）文化资本的意义

我国的传统文化资源极其丰富，但要想真正把资源变成财富，必须经过从文化资源到文化资本再到文化商品的多重转化。

不同学科的学者对文化资本的界定各有差异。法国社会学家布尔迪厄首先将"文化资本"这一概念应用于社会学和文化研究中。布尔迪厄将资本分为经济资本、文化资本和社会资本，后两者可以在一定条件下转换成经济资本。同时，他也第一次提出了文化资本的三种存在形态。一是具体的状态，如以思想和肉体的持久"性情"的形式存在；二是客观的状态，以书、乐器等文化产品的状态存在；三是体制的状态，当人们以学术认同感的形式来看待具体的文化资本时，就属于这种状态。① 必须注意的是，布尔迪厄使用"文化资本"一词，最早是为了分析不同社会阶级出身的孩子所取得的学术成就与阶级之间文化资本的分布状况之间的关联，主要研究的是个人或团体在社会竞争过程中、可以赋予其权利和地位的文化知识的积累和传递，是一种对个人特质的描述。

在经济学领域，澳大利亚经济学家大卫·索罗斯比（David Throsby）于1999年在《论文化资本》一文中提出，文化资本是继物质资本、人力资本、自然资本之后的第四种资本，体现了资产的文化价值存量。文化资本是文化商品的来源，文化商品提供了经济利益和文化利益。② 值得一提的是，索罗斯比认为多样性是文化资本的重要属性，其原因在于多样性促进新的资本的形成。这些有形或无形的文化资本既可以直接进入消费，也可以与其他投入相结合，用于生产将来的文化商品和新的文化资本。以中国的端午习俗为例，本身具备非常高的文化价值，但是并没有经济价值，因为端午节作为无形资产，并不具备建筑、文物等有形资产那样进行直接交易的条件；不过，其引起的其他行为，如端午节粽子的销售等，却同时创造了文化价值和经济价值。

本书认为，文化资本是资本化了的文化资源；文化资本既具有文化价值，又能创造经济价值。其经济价值除了来源于文化资源中的物质部分的使用价值之外，还来源于其文化价值的附加价值部分，文化价值在一定条件下能够转化为经济价值。

（二）文化资源的资本化

文化资源转化为文化资本，即文化资源的资本化，指的是通过市场化和产业化运作，实现文化资源的经济价值的过程，包括创作、生产、传播和消费四个环节。既有的文化资源经过再创作转化

---

① 程晶晶：《文化变迁与经济发展的互动研究》，豆丁网，http://www.docin.com/p-800782906.html。
② David Throsby：《论文化资本》，王志标译，《经济资料译丛》2006年第3期，第8页。

成文化产品，依托不同的传播渠道和媒介进入市场，以商品或服务的形式被大众消费。

当然，并不是所有的文化资源都能转化成文化资本，如中国历史上的"裹小脚"等陋习，由于不符合当下社会主流价值观，无法激发人们的消费愿望，因此无法实现其向文化资本的转化。

文化资源资本化的目标是经济效益和社会效益的最大化，即最大限度地实现文化资源的经济潜能，通过文化商品的生产带来经济利润；实现文化资源的资本化运作，以市场化的方式优化资源配置。文化资源的资本化可以帮助更广大的人群接触到原有的文化资源，获得精神需求的满足。文化资源的特性决定了它无法满足大量的人对它的重复使用，而通过将其转化为文化资本，进一步开发为文化产品，再进入到消费阶段成为文化商品，人们就可以对其进行购买消费，从而获得精神上的满足。另外，文化资源的资本化可以反向促进新的文化资源的生成，实现文化资源的再生产。以中国的传统节日七夕节为例，传统上七夕节是指在农历七月七日妇女向织女星乞求智巧的节日，但今天，通过与商业消费行为的结合，七夕节被赋予了"中国情人节"的新文化含义，重新吸引了人们的眼球。必须注意的是，新的文化资源的生产对原有文化会有一定程度的覆盖和抹消，因此资本化的作用结果有时候是积极的，有时候是消极的。

二 文化的渗透与增值作用

由于文化可以带来价值的增值，文化在文化创意产业之外同样越来越具有举足轻重的作用。近年来，推动文化创意与实体经济深度融合，已经成为提升传统产业和区域竞争力的重要举措。

（一）文化创意产业与其他产业的融合发展

从消费者的角度看，一件商品的价值包括功能价值和观念价值两个部分。功能价值指的是商品的物理属性，观念价值指的是除了物理属性之外，由商品的文化属性、个人感受或体验等其他方面所带来的价值。例如，一间代工厂生产两件同样的服装，一件由代工厂直接销售，另一件作为知名品牌的产品进行销售，由于其品牌文化的不同，价格可能相差数十倍。

除了传统的品牌建设与宣传之外，目前，已有不少传统行业的企业开始深度涉足文化创意产业，开发与企业相关的文化产品。这一举措既加强了自身品牌的塑造，也为文化创意产业提供了有价值的创意和素材，双方共同实现了品牌文化价值的增值和变现。

同时，随着互联网与物流网技术的发展，原本作为城市商品销售核心的商业街、购物中心等购物场所必须改变原有的策略，以应对来自电商平台的挑战，重新吸引消费者和游客。因此，很多城市的商业区域积极与文化创意产业结合，向娱乐体验空间转型，出现了博物馆化、乐园化等倾向。文化创意的注入，将有望为传统商业区域重新带来活力。

案例3 "三只松鼠"商业化的成功

以近年较成功的三只松鼠股份有限公司（以下简称三只松鼠公司）为例。该公司于2012年注册成立，以互联网为依托，经营坚果、干果、茶叶、休闲零食等食品销售业务。三只松鼠不仅是品牌的名字，也是公司的形象代言人。进入三只松鼠公司的官方网站，首先看到的就是三只可爱的卡通松鼠，"带你进入独特的松鼠世界"。文化是三只松鼠公司的核心竞争力。公司创立之初，经过反复的思考斟酌，最终以"三只松鼠"命名，并塑造了松鼠小贱、松鼠小美、松鼠小酷3个卡通形象。三只松鼠的讨喜形象，加上称消费者为主人的人格化互动，帮助三只松鼠公司从无数个零食品牌中脱颖而出。

三只松鼠公司并没有让三只松鼠停留在单薄的形象上，而是通过积极的跨界，提高趣味和文化内涵。2018年4月，三只松鼠同名动画《三只松鼠》正式于电视频道及网络平台上线，讲述的是三只可爱的小松鼠被山猫追赶，来到了人类居住的城市里冒险的故事。曾多日蝉联全国动画片白天时段收视第一，单个视频网站每集动画点击量也均达百万次。三只松鼠创始人章燎原提到，做动画的目的是"用动漫来维系用户情感，做没有痕迹的营销"。对于孩子而言，动画片的推出势必能够提升他们对品牌的好感度，从而影响整个家庭的购买决策。

拍动画片只是三只松鼠公司的第一步。位于芜湖的松鼠小镇已经投入建设，即将开业。松鼠小镇旨在以城市公园融合商业广场的概念，所有入驻商家都必须有与三只松鼠主题相关的消费项目。通过持续的跨界融合、围绕三只小松鼠的形象制造内容，三只松鼠公司在消费者内心的形象也在不断深化。

（二）文化创意产业集聚带动区域发展

随着德国鲁尔区、北京798艺术区等成功案例的出现，文化创意产业逐渐被视为城市更新过程中的重要一环。文化创意产业规模小、场所适应度高的特点，使其可以利用产业升级和产业转移在城市中留下的旧厂房、仓库等空间，迅速集聚成为文化创意产业园区。这已经成为当前文化创意产业园区建设的主流模式之一。

文化创意产业集聚的出现还可以向外辐射，塑造城市形象，提升地区竞争力，为地方其他产业的发展吸引年轻人才集聚，并为旅游业的发展提供良好的声誉和环境。如今，文化创意产业集聚作为城市活力的重要激发点，已经成为"新城市经济"的关键组成部分。

第五节　在全球化与地方性之间

在全球化的大背景下，我们必须以全球化的视野看待传统历史文化与地方性知识，理解地域文化与全球文化的双向互动和共同发展，以实现对中国传统文化在全球化语境下的重新定位。

一 地方性知识与创意能力的培养

文化创意产业的核心是创意者，即有创造力的人。文化创意产业的从业人员需要有全球化的格局，更需要增加对区域文化传统的认识。

现在我们时常听到"天赋是创意的源头""想象力产生创意灵感"，似乎创造力和创意灵感全凭爆炸式的想象，可以凭空从脑内产生。其实，创意者的灵感不是无源之水、无本之木，而是源于其在生活中得到的体验和感受。创意可以是一个理性思考的过程，特别是在面向大众、以商业和社会价值为考量的文化创意产业中；创意者的知识储备和文化背景作为创造力的重要构成部分，直接参与创造活动，成为文化产品的基础和源泉。

文化背景是创意者的"气息"。一个人的文化、情感和创造力的生发与每个人最直接接触到的家庭、地域、环境有直接的联系。人对旧环境天生有一种依赖心理，熟悉的环境让人感到安全和放松。大部分人类进入定居生活之后，长期居于一地，对定居点周围的环境产生天然的情感上的勾连，即所谓的热爱乡土之情。后代与先辈通过土地上的物件产生了联系，从世世代代赖以为生的家园之中寻找精神力量的支撑。代代传承的地方性知识引导新一代居民理解、适应本土的生产、生活，而在与外界的交流过程中，地方文化自然成为其进一步认识其他异质社会文化的心理坐标，从而在反复比照的过程中更加鲜明。物质家园和精神家园在地方实现统一，对地方丰富复杂的情感和对地方社会文化的了解反思，无不刺激着创作者灵感的迸发和创意的产生。地方，永远是创意的不竭之源。

当前，中国人的知识体系中面临着两层意义上的地方性知识的缺失：一层是在全球化背景下由西方文明的冲击造成的中国本土文化知识体系的缺失；另一层是由于中华文明一元论和农耕文明的相对强势造成的中国区域文化知识体系的缺失。

课本中只有长江黄河，而没有家门外每天经过的河流，地方性知识是中国人知识体系中缺失的重要"一环"。目前的教育体系对一元化和西方科学体系的过度倾斜、对地方社会的文化习俗和地方性知识体系一定程度上的忽略，造就了一批文化上的"无根者"，对本地的自然、社会和文化都缺乏基本的认知和情感上的认同。尽管"新课程改革"给予了将部分地方知识纳入课程体系的空间，但是，现有的应试教育评价系统使得这些与考试无关的知识不可能受到足够的重视。

学校是培养人的机构，对发展学生创造力、培养创意人才负有不可替代的责任。地方性知识作为现代社会公民知识体系中一个不可或缺的组成部分，却在学校教育中得不到体现，造成了教育和生活的脱节。陶行知先生指出："生活就是教育。没有生活做中心的教育是死教育，没有生活做中心的学校是死学校，没有生活做中心的书本是死书本。在死教育、死学校、死书本里鬼混的人是死人。"[①] 学生无法把在学校所学的知识与其生活境遇有机地联系起来，不仅学习的过程变得无趣，而心灵也失去了来自本地社会文化精神的支撑，又如何能够产生创意的火花呢？

任何创造都离不开特定的文化语境，认识到自身的文化传统，并积极地从自身文化传统汲取营养以提高创造力是非常重要的。另外，文化产品的消费是一个理性与感性相统一的过程。"没有感情内容的形式只能满足我们的感觉，只不过是手艺匠的制品。"[②] 一项成功的文化产品，必须首先感动创意者。创意者生活于"地方"之中，创意者对地方的熟悉促成了情感的生发。融入地方文化特色与

---

① 转引自陈俊山、宫春平：《创建积极的教学环境，提高学生的语文素质》，《内蒙古师范大学学报（教育科学版）》，2004 年第 6 期，第 91 页。
② 转引自朱劭武：《音乐家名言》，《音乐爱好者》1986 年第 3 期，第 7 页。

创意者深切情感的文化产品，才能唤起消费者内心深处的共鸣。

创意过程既需要外来冲击，更需要人对土地的归属感和本区域文化传统的认同。文化创意产业中的创意者必须加强自身对传统文化的了解，从中华文化资源，特别是本区域文化资源宝库中提炼题材、获取灵感、汲取养分，把中华优秀传统文化的有益思想、艺术价值与时代特点和要求相结合，运用丰富多样的形式进行当代文化产品的创造。

二 地方性≠锁闭

全球化一般被视为对文化多样性的一种威胁。实际上，全球化与地方化之间始终存在"可伸缩"的张力。文化全球性不一定只有单一的趋同性，也可以刺激当地文化、风俗的保留和复兴，从而带来全球文化整体上的多元发展。

作为对文化全球化的一种反攻，今天，世界各地逐渐出现了在全球化之下寻求地方差异的浪潮，许多地方都热衷于通过彰显所谓的传统凸显自身身份。特别在经济发展到一定阶段时，文化上的定位问题必然浮上水面，触发地方性文化的反弹力量。文化的"地方化"强调某一地区有别于其他地区的文化特质，成为全球化之下认识自我、突出自我的重要标志。可以说，建构本土文化是在西方主导的全球化背景下，被边缘化的国家、地区或民族、群体文化面对文化霸权挑战的必然要求，而地方文化因而也获得了世界性的意义。

但是，在构建地方性的过程中，我们必须注意，地方性的构筑不是"去全球化"，更不等于"锁闭主义"。长期以来，中国辉煌的内陆农耕文化占据了中国传统文化的主流，中国人的知识体系绝大部分构筑于"960多万平方公里"的陆域之内。从古至今，世界上只有"中国"和"外国"，又以主流的农耕文明为中华文明的唯一，形成了一个中外壁垒森严、"中国"在世界之外的封闭体系。

传统应服务于现代，对传统文化的复兴必须适应当今主流价值观的要求。如果强行从地理上将各个文化隔离开来，无视各文化间相互交往、对话和沟通的历史过程，在一个封闭的环境中构筑"传统"的"统一性"，只会使文化失去生机和活力，甚至被世界所淘汰。在全球化的大背景下，我们不能片面地关注封闭的特殊性，而必须以全球化的视野看待传统历史文化与地方性知识，理解地域文化与全球文化的双向互动和共同发展，实现对中国传统文化在全球化语境下的重新定位。

三 全球化与地方性的互动

地方是全球化的支点，一个个"地方"共同构成了全球化网络。地区为全球化的考察提供了特定的空间。城市是全球化体系中的关键节点。港口城市和贸易中心整合起周边地区的供求与消费，不仅是商队船只的停靠补给点和货物的吞吐集散地，还是承载腹地文化、面向外界交流的关键点，承担着"吐"与"纳"的双重作用。

以近代的福州港为例。福州位于闽江下游，靠近出海口，依托广大的闽江流域为腹地，素有"工商之饶，利尽山海"[1] 之称。茶叶是闽江上游地区的传统农产品。17世纪之后，由于饮茶风气在英国的普及，福建茶特别是武夷山茶受到争抢。武夷山茶沿闽江顺流而下，运往福州最快只要4天。"意在武夷山茶"[2]，英国在《中英南京条约》中选择了福州作为首批开放口岸。武夷山茶运抵福州装箱，供给等候在那里的欧洲商船，再由此出发走向全世界。福州因此在19世纪中叶一跃成为世界级茶港，茶叶出口货值于1867~1894年占出口总值的80%以上，茶叶输出于1880年达到802113担

---

[1] 《揭开古代福州港繁荣盛景》，新浪网，https://k.sina.cn/article_2359441912_8ca239f802000lkw6.html? from = history。

[2] 中国史学会：《中国近代史资料丛刊：鸦片战争（第5册）》，神州国光社，1954，第519页。

的最高值。[①] 海洋贸易需求也反过来拉动了整个福建地区的茶叶生产和经济发展，茶的种植面积和品种均进一步增加。19世纪90年代起，随着印度和锡兰等新兴茶叶产地出口量的增加，福州茶叶贸易受到严重冲击，福州港也因此而衰落。福州港在近代的兴衰与福建茶叶的全球贸易息息相关，是近代全球化网络中的重要一点。

在茶这一商品上，进一步拉远视角，在比较性和延续性的视野下检视地方元素，将使地方从时间和空间上得到拓展，与"全球"实现互动。福建茶作为"一带一路"的核心交易物，有着极为悠久和光荣的历史。唐人陆羽在《茶经》中已经提到福建茶"其味极佳"[②]，福建的"方山露芽""鼓山半岩茶""武夷茶"均为中国最早的名茶。唐、宋、元、明历朝在建安北苑建立"龙焙"并遣使臣督造贡茶。张廷晖作为福建北苑御焙创始人，受到宋高宗赵构的赐封和宋廷的褒奖，是中国茶史上唯一受此殊荣的茶商。福建茶声名远播，不仅在国内名声显赫，而且成为外销宝货之一。[③] 中国历史上在不同时期有四条主要与世界不同地区人民往来的通道，分别是陆上丝绸之路、海上丝绸之路、茶马古道和万里茶道。福建茶一直是这些对外交往通路上的核心交易物之一，各国的茶文化中无不留有福建茶的痕迹。在印欧语系中，英语、德语、荷兰语、西班牙语、法语和意大利语等语言中茶的发音均为闽南话"茶"的借音。英国植物学家罗伯特·福琼当年从中国带走的也是福建武夷山的茶树和制茶技术，成就了南亚的茶叶产业和英国的红茶文化。通过福建茶传播世界的历史和对世界茶业影响力的叙述，福建茶可以由地方商品升华为全球文化符号。

---

① 刘锡涛、黄廷：《初探近代闽江茶叶贸易对福州港兴衰的影响》，《茶叶科学技术》2009年第2期，第46页。
② 陆羽：《茶经·八之出》，转引自陈祖槼等：《中国茶叶历史资料选辑》，中国农业出版社，1981，第17页。
③ 建瓯市政协文教卫体和文史资料委员会编《北苑贡荣》，2016年。

第三章　传统经典文化的多样化表达

本章强调"创新"的基础是对"传统经典"的"重读";不同民族对本民族经典的不断解读,就构成了该民族较为稳定的识别系统;不同民族在不同的时代对本民族经典的"再读"皆构成了该民族的时代精神。同时,人类共有的进化过程与基本的生存需求构成了"普世"的文化模式。人类创造的所有遗产、经典皆是我们可资利用的传统与创新的根基。

人类共有的进化过程及其结果,为今天世界上不同的民族、族群拥有共同的文化模式奠定了共同的物质基础;在不同区域定居的族群与不同的生存环境互动,进而产生了近世以来具有共同文化识别体系的集合体,即民族与国家;荣格的"集体无意识"正是对这种民族和国家层面的共同文化识别体系的概括。越是民族的就越是世界的;民族性与世界性、区域性与全球化达到了高度的统一。传统经典在不同时代、语境中的多样化解读构成了创新的根基。人类创造的所有遗产、经典皆是我们可资利用的传统。

文化作为人类与生活环境相互协调的产物,一方面,不同区域、不同国家的人民自然是以不同的文化传承构成其文化与民族性的差异;另一方面,人类以共同的环境压力、生老病死的困境而拥有相同的文化"母题"。自15世纪"大航海"以来,人类终于突破了海洋对陆域的分割、包围,逐步形成了全球化、地球村的格局。特别是在"哥伦布大交换"之后，人们对文化传承就有了空间上的广泛性，这种势头至今仍在发展之中。而在此前，区域文化作为人们的主要文化传承，构成特定区域的人们的共同记忆、进而形成不同区域人们的审美爱好与价值体系，甚至形成了不同区域与人民的精神形象。就区域与国家精神而言，不同的历史阶段，每当人们遇到新的精神困惑时也就是需要新的文化诉求的关键时刻；纵观人类的文化产业生产历史，我们就会发现一个规律：向经典、向历史寻求支持。从欧洲新兴资产者的"文艺复兴"，到中国古代不断的"拟古"，都是这样的事例；直到当代，任何一种新兴理论的兴起也往往要到传统经典中去"检验"或"验证"。"穿越"时间与经典对话几乎是每一个民族与国家建立新知识体系的一种"惯例"。具体落实到我们所讨论的文化创意产业的发展，中国文化中的"孙悟空""白蛇"，西方文化中的"哈姆雷特"，以及近些年的新经典"哈利·波特"、漫威所生产的动画英雄人物等都是生动的例子。同时，我们应该看到，近代以来，东西方经典已成为人类共有的传统，如功夫、瑜伽等东方传统因素在欧美文化创意产业中的应用；"哈姆雷特"的原型既可以成为《狮子王》的灵感，也可以启发中国导演创作了电影《夜宴》；荷马史诗《奥德赛》同样也对日本漫画艺术家宫崎骏的代表作《千与千寻》给予了艺术的启迪。

　　如果我们不是仅仅从创作者的角度，同时也从市场的角度来看的话，"接受理论"与"互文性理论"是我们理解传统经典多样化解读的另一个视角。在现实生活中，我们可能会关注一部文学作品和用其改编的一部电影。但是，这样做并不意味着二者是独立存在的，或者只与彼此相关。相反，我们认为，文学作品和电影皆来源于其他的文学作品和电影。"互文性"就是用来表明文本参考或引用了其他作品。"改编"显然具有互文性，改编作品必然要参照以前的文学作品；如果是经典，"改编"甚至与其他的"改编"作品有着一定的关系,即改编可能与文学作品先前的形式有关,也与同一来源的不同改编作品有关。比如,如果有人要改编莎士比亚的《李尔王》,可能就需要去研读三个不同版本的《李尔王》以及到21世纪初被搬上荧幕的总共14部改编电影。

20世纪初以来,接受者(读者)理论逐渐作为文化理论为人们所接受,接受者(读者)理论为文化产业的市场研究提供了很好的理论基础;而了解文化产品的与时俱进也是进一步理解接受者(读者)理论的大背景。20世纪中叶以来,文艺理论中"互文性理论"的出现,为文化创意产业的发展进一步拓展了理论的空间。特别是为文化创意产业的从业者的"创造性"活动提供了诸多的理论依据。从理论到务实,我们将接受者理论与"互文性理论"作为包括管理人员在内的文化创意产业从业者的基本素养。

第一节 "穿越":共同的历史文化记忆与当下的对话

本书所讨论的"穿越"并非只是一种创作手段,而是人类保持自我族群文化标志的努力。在此,我们要引入荣格的理论,在《论分析心理学与诗的关系》一文中,荣格指出,无意识包含个体的和非个体(或超个体)的两个层面。前者只到达婴儿最早记忆的程度,是由冲动、愿望、模糊的知觉以及经验组成的无意识;后者则包括婴儿实际开始以前的全部时间,即包括祖先生命的残留,它的内容能在一切人的心中找到,带有普遍性,故称为"集体无意识"。集体无意识的内容是原始的,包括本能和原型。它只是一种可能,以一种不明确的记忆形式积淀在人的大脑组织结构之中,在一定条件下能被唤醒、激活。荣格认为"集体无意识"中积淀着的原始意象是艺术创作的源泉。一个象征性的作品,其根源只能在"集体无意识"领域中找到,它使人们看到或听到人类原始意识的原始意象或遥远回声,并形成顿悟,产生美感。① 荣格以"集体无意识"解释不同时代、不同文化中相似的神话原型和原始意象,这些理论,不仅在理论界催生了原型批评和神话批评;而且,也能很好地解释传统经典在不同时代、不同地区的多样化解读。

猴神形象是东亚地理环境与文明的产物,是东方传统文化的一个典型代表。我们可以在东方不同民族的古典作品中找到例证,如印度史诗《罗摩衍那》中的神猴哈奴曼、日本《今昔物语集》中记载的猴神信仰民俗、从马来西亚民间到印度尼西亚爪哇一带几乎家喻户晓的《室利拉玛传》等②。在中国,同样有大量著作记载有关猴神的故事,如《吕氏春秋·博志篇》就写道:"荆廷尝有神白猿,荆之善射者莫之能中。"同时,在长江以南的民间广泛存在猴神崇拜的传统习俗。

本节我们不仅对以"孙悟空"为代表的猴神原型进行分析;而且对同样广泛存在于南方滨水区域的蛇神信仰与"白蛇传"的多样化解读进行分析。

一 猴崇拜与孙悟空的形象

猴行者被认为是南宋说经话本《大唐三藏取经诗话》中的主要人物。话本讲述了猴行者扶助唐玄奘取经的故事。孙悟空的名称来自明代作家吴承恩的《西游记》,该小说是根据宋、元以来关于唐僧取经的相关故事和作品,加以扩充、组织和再创作而成的。

在中国,猴神信仰主要是中国南方丘陵地带与东南沿海的民间传统信仰。在地处东南沿海的福建,其山多林密的自然环境在历史上造就了猴神信仰的传统,在闽江流域至今还保留着原初的猴神崇拜习俗,更有意义的是这种文化习俗随着闽人向境外的迁徙而向东南亚传播,外来的猴神与本土的猴神相互融合,形成了亚洲地区特

---

① 张龙:《"不大"词汇化研究》,硕士学士论文,浙江大学,2007,第35页。
② 王秀文:《日本民俗中的"猴"信仰及其传承》,《大连大学学报》2016年第2期。

有的猴崇拜习俗。同时，我们还应该看到，在中国，在北方强势的内陆文化的覆盖下，曾一度出现"猴子"这一对南方民族的蔑称。随着民间传统信仰的猴神崇拜与以《西游记》为代表的北方文化的有机结合，产生了齐天大圣信仰。有地方学者根据福建省闽江流域顺昌县关于"齐天大圣"的相关碑刻和石雕，提出"孙悟空祖籍在福建顺昌"的论断。[1] 同时，随着海洋族群的不断迁徙，齐天大圣信仰也被带到了东南亚等地区，成为海外华人社区中的一个独特现象。

在《西游记》中，孙悟空到西方取经的经历，使人们注意到印度史诗《罗摩衍那》中的神猴哈奴曼："具有腾云驾雾之功力，身体和相貌可以随意变化。面部微微发红，具有金黄色的毛发，庞大的身躯，长长的尾巴，力大无比，可以排山倒海，具有四个不同的面孔和八只手，聪明非凡。"[2] 哈奴曼的这些外貌特征与孙悟空的形象具有一定的相似性。

正因为如此，季羡林先生在《罗摩衍那初探》一书中对哈奴曼与孙悟空的关系进行了分析，他说："孙悟空这个人物形象基本上是从印度《罗摩衍那》中借来的，又与无支祁传说混合，沾染上一些无支祁的色彩。这样看恐怕比较接近事实。"[3] 那么，什么是无支祁？该传说指中国的淮河水神无支祁，源于唐朝李公佐的小说《古岳渎经》。该书中无支祁"白首长鬐，雪牙金爪，闯然上岸，高五丈许，蹲踞之状若猿猴"[4]。据《太平广记》记载，大禹在去淮河治理洪水时遇到一个水怪"形若猿猴，缩鼻高额，青躯白首，金目雪牙，颈伸百尺，力逾九象"[5]。无支祁在淮河一带无恶不作，常常

---

[1] 王益民、胡小伟：《心系宝山》，海峡文艺出版社，2008，第6页。
[2] 傅加令、孙丽娟编著《东方文化之谜》，中国工人出版社，1991，第73~74页。
[3] 转引自纪连海：《纪连海说西游》，广东人民出版社，2018，第26页。
[4] 李公佐：《古岳渎经》，载朱一玄、刘毓忱编《西游记资料汇编》，南开大学出版社，2012，第29页。
[5] 张建州主编《壮美中原河南（二）》，中国旅游出版社，2015，第247页。

运用雷鸣电闪、暴雨狂风对人民进行袭击,使得两岸民不聊生,阻碍大禹的治水工作。后来大禹在天神的帮助下将其降伏,镇压在龟山(江苏省淮阴区)脚下。

可以说,孙悟空形象是一个融合印度神话、中国水神、猴神等的集合体。孙悟空作为传统经典文化形象,其影响力不仅仅在中国,也影响了日本的经典动画《铁臂阿童木》中阿童木的形象塑造,其作者手冢治虫是日本动画界的标志性人物,被誉为"日本动漫之父"。手冢治虫曾回顾说:"1941年我十三四岁的时候,有幸看到了万籁鸣先生根据《西游记》改编的动画片《铁扇公主》,留下了深刻的印象。当时我想,这才是我们亚洲人的作品。当时也有美国动画片,虽然有趣,但因国民性不同,总有难以理解的部分。中国人构思的动画片,完全就像邻居制作的动画片。观众之多,出现的盛况在日本还是第一次。这就是我想做动漫的最初原因。"[1] 曾作为手冢治虫助手的平田昭吾,在接受记者采访时表示在设计铁臂阿童木时受到孙悟空形象的启发,他说:"当时我在手冢治虫的团队里工作。手冢治虫是项目的总策划、总负责人。他分给我的任务就是设计阿童木的形象。对于阿童木这个形象,最早激发我灵感的是来自中国早年的动画片《铁扇公主》里面的孙悟空形象。包括孙悟空头上的紧箍咒也被我借鉴到阿童木头上了。那时,我才19岁。"[2]

显然,以孙悟空为代表的猴神形象,深受亚洲人民的喜爱,是亚洲文明中一个跨时空、跨民族的共同历史记忆。从文化创意产业的实践来看,猴神也是东方各国文化创意产品的重要素材来源之一。

---

[1] 马蕾蕾、曾国屏:《对科普文化产品经典之作〈铁臂阿童木〉的回顾和思考》,《科普研究》2009年第3期,第45页。

[2] 李彤:《平田昭吾:阿童木的设计源于中国的孙悟空》,中国新闻网,http://www.chinanews.com/cul/news/2009/09-04/1851047.shtml,2009年9月4日。

二 孙悟空形象的多样化表达

赋予传统的经典文化以新的时代精神，是文化创意产业的重要内容。自1926年孙悟空的形象被第一次搬上电影屏幕开始，至今90多年的时间里孙悟空的形象被数次重构。可以看出，孙悟空的形象伴随着历史的变迁，被不断地赋予新的时代精神；同时，不同的时代借助对经典的不同解读，传递出不一样的时代之声。

（一）1949年以前的形象

1926年，孙悟空的形象出现在默片《孙行者大战金钱豹》中。1927年，被誉为中国早期默片中最重要的作品之一的《盘丝洞》在上海中央大戏院公映，广受关注；该片在东南亚地区放映时也受到了空前的好评，引起了万人空巷的观影热潮。这一时期西游题材电影众多，有明星影片公司出品的《车迟国唐僧斗法》，天一影片公司的《女儿国》《铁扇公主》《莲花洞》，大中国影片公司的《孙行者大闹黑风山》《无底洞》《红孩儿》《孙悟空大闹天宫》等，长城画片公司的《火焰山》，合群影片公司的《猪八戒大闹流沙河》等。"西游记"题材容易以视觉上的冲击力吸引观众，因此，以"西游记"为产品开发的基础，形成了具有中国特色的神怪类型影片。1941～1966年，关于孙悟空形象的影片包括动画片、剪纸片、木偶剧、绍剧等不同类型。

1941年，我国第一部动画长片《铁扇公主》在上海上映，受1937年广受好评的迪士尼彩色动画《白雪公主》的影响，本打算以孙悟空形象为主角而沿用原著中的故事命名的《孙悟空三调芭蕉扇》，却由于商业需求最终将片名定为《铁扇公主》，突出了"公主"的形象，使得具有中华民族特色的"公主"与美版"公主"形成对比，引起国内外观众的热烈关注。影片以孙悟空的斗争精神为主题，极具"教化"特质，讲述孙悟空、猪八戒、沙僧三人三次向铁扇公主借芭蕉扇，在屡遭拒绝之后，师徒四人团结人民群众，万众一心，最终打败反派牛魔王，逼迫铁扇公主交出芭蕉扇的故事。正如影片开场字幕中写的："……实为培育儿童心理而作，故内容删芜存精，不涉神怪。仅以唐僧等四人路阻火焰山，以示人生途径中之磨难。则必须坚持信念，大众一心，势能获得此扑灭凶焰之芭蕉扇。"① 影片中孙悟空团结人民群众降服牛魔王，对人民群众而言，火焰山的火熄灭可以更好地种庄稼；对师徒四人而言，为取经路去除障碍，这体现了当时社会中人民群众共同反抗外敌的决心，也反映了当时处于"孤岛"时期特殊社会背景下的上海人民对日本侵略者的抗争精神。出于影片主题的需求，该片中孙悟空的性格相对"完美"，摒弃了孙悟空原型性格中的叛逆因素，塑造了一个极其正面的英雄形象。

（二）1949~1978 年的形象

1960 年，以"革命"的教化为特征的影片《孙悟空三打白骨精》上映。影片根据《西游记》故事改编，但影片中的故事与原著有所区别。首先，在故事框架上，影片将原著中故事框架进行了简化，减去了原著"宝象国"一段。故事讲述孙悟空三次棒打妖怪，而是非不分的唐僧对其念紧箍咒并将其赶走，后妖怪将唐僧抓获，唐僧悔不当初。猪八戒逃脱请回孙悟空，二人救出唐僧后重新踏上取经路的故事。其次，在故事的主题立意上，再一次强调只有齐心协力、统一战线才能取得革命事业的成功。这一时期孙悟空无论是外在形象还是内在形象，既忠于原型，具备其核心特点，又随着社会意识形态的演变而变化。

1966~1968 年，中国香港邵氏电影公司拍摄的《西游记》系列电影（包括《西游记》《铁扇公主》《盘丝洞》《女儿国》四部曲），影片主创者有意对原著中女性人物的反面色彩进行强化，并通过女性形象吸引观众的眼球。

---

① 程倩：《浅析中国动画现状》，《河南理工大学学报》（社会科学版）2010 年第 1 期。

(三) 1978 年以后在中国的形象

20 世纪 80 年代，杨洁导演了大型电视连续剧《西游记》。随着电视这一新媒介在中国的出现，电视剧可以展示更长时段、更大场面的内容。杨洁版的《西游记》在内容上极大地还原了小说原著的风貌，通过对小说内容的全面展示，反映了孙悟空师徒克服困难、一往无前的决心与过程，与改革开放初期中国人民的乐观精神相互映照，成为近 30 年成长起来的中国人最喜爱的经典作品之一。

进入 21 世纪，随着中国改革开放的深入，社会思潮中更崇尚个人主义，因此，电影大银幕上的孙悟空正面的、内在统一的英雄形象开始被"颠覆"，这些孙悟空所呈现的形象与以往有很大的不同。传统故事中的孙悟空是灵石所变，他"食草木，饮涧泉，采山花，觅树果；与狼虫为伴，虎豹为群，獐鹿为友，猕猿为亲"①。其形象在早期大闹天宫中的反叛与后期追随唐僧取经途中的责任有较大的差异；但其性格内在的统一性与英雄的本色是一以贯之的。1995 年上映的影片《大话西游》中孙悟空贪财、胆小、好色。五行山下被救之后化为劫财的黑帮帮主，名为"至尊宝"。他逃避取经任务，欺师灭祖，欲杀观音，约妖怪一起吃唐僧肉；不仅如此，"至尊宝"产生了人性情欲，陷入紫霞仙子、白晶晶（白骨精）、牛香香甚至铁扇公主之间的感情漩涡中。诸如此类的人物和情节与众所周知的经典"西游故事"背道而驰。这部影片在当年并没有太大的反响。直到 20 世纪初期，随着互联网的普及、网络论坛的盛行，《大话西游》中对经典文化的大胆解构和后现代的无厘头话语开始在互联网上流行，该电影系列才开始受到大众的热捧。影片中孙悟空性格呈现凡俗化特征，颠覆了以往性格中的反叛精神与英雄气质。

2013 年上映的影片《西游降魔篇》对《西游记》原著的故事

---

① 吴承恩：《西游记》，长春出版社，2006。

情节和人物形象同样进行了颠覆性的改编,银幕上与众不同的鲜活人物形象颇有新鲜感。影片以收服"水妖"沙僧为开场,进而制服"猪妖"猪刚鬣,最后降服"猴魔"孙悟空。故事的结构和情节与原著相比差别较大。影片中孙悟空的外在形象还原了原著中孙悟空的"妖魔化"特点(尤其是与"至尊宝"相对照),内在形象却对原著中孙悟空的"魔性"特点进行夸张化处理:既具有现代化的幽默元素、又带有丑恶的魔怪色彩。影片中孙悟空性格狡诈无常、凶狠残忍,残杀驱魔人空虚公子、段姑娘等,还拔光玄奘的头发,等等,这些行为体现了孙悟空能力之强、手段之狠。原著中孙悟空虽有叛逆的一面,如大闹天宫、大闹龙宫、大闹地府等,但其向往自由的精神弱化了性格中的妖魔性。而《西游降魔篇》则凸显了孙悟空"魔"的特性。

2014年,影片《西游记之大闹天宫》将小说《西游记》故事中第七回的"大闹天宫"一段进行了改编,对传统故事的情节及主题进行了当代化诠释。电影开头以牛魔王大战玉皇大帝,打破天庭宁静,被玉皇大帝贬到火焰山,女娲牺牲自己修补天宫,补天晶石落入花果山,孙悟空孕育其中并遇九尾狐与之青梅竹马,快速地交代了故事的前戏背景。将牛魔王、女娲、孙悟空、二郎神、九尾狐等人物巧妙地融合在一起。紧接着,孙悟空与九尾狐相爱,与牛魔王称友。牛魔王为获得玉皇大帝之位,杀死九尾狐嫁祸于天宫,为此,孙悟空与天宫进行了一场生死大战,后来经历生离死别的孙悟空与玉皇大帝之间解开误会,却因触犯天庭被如来佛压在五指山下,等待西天取经的任务。影片以爱情和友谊作为故事的主题,将原著中孙悟空因争强好胜、反封建统治、向往自由、维护个人尊严等缘由而大闹天宫改变为因爱情、阴谋而大闹天宫。影片中孙悟空的神性与妖性都减弱了,而发扬了普通人人性中的情感元素。对人性的探寻,个人情感中坚贞的爱情、真挚的友情成为这部影片创作的主要方向,凸显了孙悟空性格中的情感元素。

2015年，影片《西游记之大圣归来》以成熟的制作技术、完整的故事结构、情节改编的趣味性而广受好评。影片讲述孙悟空从五行山下被救出之后，同时进行解救他人和解救自我的故事。影片中的孙悟空褪去了以往角色中战无不胜的英雄色彩，变成一只普通的猴子。孙悟空内心产生自卑感、失落感，失去了自我认同感，直到与江流儿生离死别，他才真正意识到一直有人崇拜他、支持他、信任他，这些感悟使孙悟空重新找到了自我。影片中孙悟空是个"不完美"、落魄、孤独的形象。

（四）从"孙悟空"到"阿童木"

正如我们在本节开头所讨论的，猴崇拜是个世界性的文化现象，特别是在亚洲。正是这种共同的文化积淀使今天的亚洲各国可以从"孙悟空""猴神"的身上找到共鸣。如前所述，日本经典动画人物"铁臂阿童木"就与中国的"孙悟空"有着极深的渊源。《铁臂阿童木》由日本漫画家手冢治虫策划创作，并于1952年起在月刊《少年》上连载。1963年，《铁臂阿童木》成为第一部真正意义上的日本电视动画系列片。在长达4年的播出期间，这个聪明、勇敢、正义的小机器娃娃几乎是人见人爱，创下了未曾有过的高收视率。1980年12月，中国中央电视台（以下简称央视）播出了黑白版的《铁臂阿童木》，这也是央视最早引进的日本动画作品之一。日本富士电视台在2003年第三次重绘"阿童木"，央视自2004年12月28日至2005年2月13日在少儿频道播出新版《铁臂阿童木》，受到广大中国观众的欢迎。

三 蛇崇拜与"白蛇"形象

蛇崇拜是早期人类文明的普遍现象，与水崇拜相关，在滨水区域广泛存在。今天，我们依然能看到不同时期、世界上不同区域的众多以蛇为主体形态的图案、雕塑以及以蛇为主角的其他文艺作品。

在生物学上，蛇是四肢退化的爬行动物的总称；但是，由于蛇具有水陆两栖的习性，在古代就被人类视为有魔力的动物。在中国，源于长江流域的伏羲、女娲神最早也是"人首蛇身"的形象，从中透露出长江流域以及南方先民虔诚的蛇崇拜信息。华夏民族的图腾龙更是与"蛇"的形象密不可分。《说文解字》和《山海经》都有南方族群对蛇崇拜的记载。《说文解字》明确说："南蛮，蛇种。"唐代中后期以来，随着汉文化重心逐渐向中国东南沿海转移，主要存在于南方区域的文化也开始逐渐进入汉语文化的知识体系之中。

纵观中国汉语典籍，我们可以看到，中国汉文化传统中"蛇"符号的大量出现是在唐中期以后，只要知道唐代是中原文化大规模向南方延伸的时期，就能够理解这种文化现象为什么会发生了，猴神的情况也是如此。中国南北方文化的交融使最早发生于南方的文化产生了"变异"，"蛇"的负面形象就是在这个过程中产生的。本书的重点不在于讨论中国南北方文化之间的关系，只是从文化创意产业文化资源的角度来辨析不同区域文化的特色与来源，目的在于使中国的文化创意从业者能够更好地把握不同地区的独特的文化发展脉络，以推动中华民族传统文化的全面复兴。

四 "白蛇"形象的形成与发展

"蛇"崇拜最为典型的莫过于"白蛇"形象的演变了。今天，我们看到的唐代传奇作品《李璜》（又作《李黄》，又称《白蛇记》）是白蛇故事最早的起源之一。故事中已经有了"白衣之妹""青衣老女郎"，这些人物可能为白蛇和青蛇的前身。宋朝话本《西湖三塔记》同样被认为是"白蛇传"故事的早期版本[①]。该话本故事已具备"白蛇传"中主要的情节，有化作白衣美女的白蛇、

---

① 黄图珌撰：《看山阁乐府雷峰塔》，国家图书馆出版社，2018。

从中做媒的女仆人、受诱惑的男性等。

随着中国经济文化重心的不断南移，从南宋开始，蛇女白娘子的形象逐渐由原先的邪恶、负面向善良、正面的形象转变。

明朝冯梦龙的话本小说《白娘子永镇雷峰塔》的出现，标志着白蛇故事大体成熟，白娘子的形象已经十分接近后世了。乾隆三十六年（1771），方成培依据当时舞台演出本又改编了一版新的《雷峰塔》传奇（戏剧），这个版本作为白蛇故事的集大成者，无论思想上还是艺术上都达到了一定的高度。这时的白娘子身上具有鲜明的世俗社会生活气息，身上"蛇妖"的特点更少了，反而是作为现实中年轻女性追求爱情生活的故事更多了，"白蛇"所幻化的形象更加美丽，性格更加丰满。

今天我们所熟悉的版本是1943年、1952年由田汉改编的剧本《金钵记》《白蛇传》。这个版本中白娘子的形象基本没有了妖气，而是帮助许仙看病、救死扶伤的正面形象，他们有非常幸福的家庭生活，却因遭到法海的镇压而被迫分离。

随着电影技术以及电视媒介的出现，白蛇故事成为影视改编的重要文化资源。

在中国，白蛇的故事改编成电影，最早可以追溯到1926年。当时这部《白蛇传》由"电影皇后"胡蝶主演。

20世纪90年代掀起了一股改编"白蛇故事"的热潮。电视连续剧《新白娘子传奇》于1992年在中国台湾首播。这一版本在华人圈深入人心，赵雅芝所塑造的形象成为后来许多白素贞的样本。

电影《青蛇》由徐克执导，张曼玉、王祖贤主演，比《新白娘子传奇》迟一年，于1993年在中国香港上映。和《白蛇传》故事相比，影片更多地探索了人性的复杂性，和电视剧《新白娘子传奇》也有很大的差别。

之后不断有对"白蛇故事"的影视改编：2001年《白蛇新传》（范文芳主演）；2006年《白蛇传》（刘涛主演）；2011年《白蛇传

说》（黄圣依主演）；2019 年《新白娘子传奇》（鞠婧祎主演）。

在此，我们看看中美合拍的动画作品《白蛇：缘起》（2019 年）。正如片名所示，影片在"白蛇传"的基础上，讲述白素贞在 500 年前与许仙的前身阿宣之间的爱情故事。我们认为，这部片子没有新的时代精神，影片中捕蛇人与蛇类之间的矛盾在一定程度反映了北方典籍记载中关于蛇的负面印象，只是技术上模仿了一点迪士尼的风格，比如"白素贞"的形象让人联想起几年前迪士尼的《花木兰》中的"花木兰"，类型化痕迹较重。

通过对"孙悟空"与"白娘子"形象及其发展的分析，首先，我们看到，从长时间段的历史发展看，滨水区域蛇崇拜的流变作为亚洲人民不断使用的原型，与猴崇拜"孙悟空"一样，反映了农耕文明与海洋文明相互妥协、融合的过程。其次，我们认为民间故事、区域习俗与传统经典一样，都是文化创意产业赖以发生与发展的文化资源。最后，对于任何传统与经典，只有赋予新时代的新解读才能获得新的生命。

第二节　一千个读者，一千个哈姆雷特

莎士比亚的《哈姆雷特》诞生于 1601 年，是莎士比亚所有戏剧中篇幅最长的一部，也是作者最负盛名的剧本，代表着欧洲文艺复兴时期文学的最高成就。

无数版本的《哈姆雷特》使得几乎每一位英伦男演员都出演过哈姆雷特一角，哈姆雷特一角也成为有抱负的男演员展现自己才能的平台，可以说《哈姆雷特》这部戏是顶级男演员的试金石。至今，《哈姆雷特》在全世界的舞台上常演不衰，在 200 年不到的电影史上，据不完全统计，产生了 50 部以上的相关电影。

一　《哈姆莱特》主题如何从流行到永恒

诞生于 400 多年前的作品是在什么背景下产生的？莎士比亚幸

运地生活在伊丽莎白女王时代,那是英国从大西洋上的英格兰开始向大不列颠帝国迈进的时代。女王无论在个人气质上还是智力情感上都与时代的情趣和要求和谐一致。在16世纪最后30多年的时间中,伊丽莎白女王凭借自己纵横捭阖的雄才大略,带领英国融入"大航海时代",并且成为那个时代最大的受益者。

而莎士比亚一生的大部分时间都是在女王的统治期间度过的,并且在他成名之后得到了女王的赏识。可以说,他们都是那个时代的代言人。"哈姆雷特"的原型并不是英国的故事,学术界普遍认为,《哈姆雷特》故事的雏形最早来源于丹麦历史学家萨克索·格拉马提库思于13世纪初所著的《丹麦史》中的《阿姆莱特传》。《阿姆莱特传》记载了这样一段历史:叔父用计杀死兄长,娶其妻,夺皇位,并设法陷害侄子,而丹麦王子则用装疯、刺杀、争取母亲、调包等方式报仇。在英国,最早使用这个故事素材的是托马斯·基德,他于16世纪80年代创作了《哈姆雷特》剧本,后被搬上戏剧舞台,这是《哈姆雷特》在戏剧舞台上的最早版本。而事实上,在莎士比亚创作的《哈姆雷特》诞生之前,托马斯·基德还创作了另一复仇悲剧《西班牙悲剧》,该剧的一些情节也为莎士比亚所借鉴。《西班牙悲剧》故事开始于一场阴谋性的暗杀,被害人作为鬼魂出现,宣告暗杀并嘱咐亲人帮他复仇,复仇者面对身居高位有权有势的杀人犯,起先装疯静待时机,在复仇的过程中,复仇者会遇到各种各样的阻碍,为了达到复仇的目的,复仇者必须将这些阻碍一一排除;同时,杀人犯也会小心翼翼处处设防,他对复仇者心存疑惧,费尽心思想要除掉他;复仇悲剧的结局一般是恶人最终害人害己。基德为复仇剧加入了爱情成分,当时许多戏都会出现复仇者爱上仇人女儿这种巧合。

今天,历史选择了莎士比亚的《哈姆雷特》,基德的作品成为莎士比亚的垫脚石,历史的高光照不到它们。而莎士比亚所创作的《哈姆雷特》之所以能经久不衰,与其内含的精神价值是离不开的。

在原先"丹麦王子复仇"的故事模式中，复仇线索只有孤单的一条，即王子向叔父报杀父之仇；而莎士比亚对故事进行再创造时，增加了两条复仇线：一条是大臣之子雷欧提斯向哈姆雷特报杀父之仇，另一条则是挪威王子福丁布拉斯由于父亲在与哈姆雷特的父亲决斗中被杀，而要向丹麦复仇。原本单薄的复仇模式变得更为丰满，正是增加的这两条副线，使得莎剧中哈姆雷特的人物形象与以往复仇悲剧中的人物形象区别开来，成为具有独立形态与价值、超越时代的角色。传统复仇悲剧中的人物往往只能看到复仇本身，就如挪威王子与雷欧提斯。在他们眼里，复仇只是纯粹的私人恩怨，痛痛快快的复仇是他们的存在价值，是他们的一切，而莎剧中哈姆雷特却要看得更深更远。同样是"杀父之仇"，莎剧中哈姆雷特所焦虑的是藏在复仇背后的危机。在面对父亲忽然去世、叔叔强娶母亲、奸王篡取王位三重打击时，他说："人世间的一切在我看来是多么可厌、陈腐、乏味而无聊！哼！哼！那是一个荒芜不治的花园，长满了恶毒的莠草"[①]，可见他的焦虑已经超越了对事件本身的怀疑，并且上升到了对人世的怀疑。当父亲的鬼魂出现在他的面前并告知他真相、叮嘱他复仇时，他说："这是一个颠倒混乱的时代，唉，倒霉的我却要负起重整乾坤的责任！"哈姆雷特所铭记的不是个人或者家族的恩怨仇恨，而是由此带来的对于整个时代危机的认识，以及对时代使命感的自觉。如果说雷欧提斯与挪威王子所代表的是被个人感情所束缚的传统骑士，那么，哈姆雷特则是理性与智慧的化身，他说："有福的是感情和理智相称的一种人，他们并不做命运所吹弄的笛子，随她的手指唱调子。"

因此，哈姆雷特便被莎士比亚赋予了思考者的形象，并与世界各民族、国家的知识分子共命运，成为他们自我审视的一面镜子。如哈姆雷特在第三幕第二场中所说的"演戏的目的，从前也好，现

[①] 居无喧：《〈哈姆莱特〉导读》，《中文自修》1994年第5期。

在也好，都是仿佛要给自然（己）照一面镜子，给德行看一看自己的面貌，给荒唐看一看自己的姿态，给时代和社会看一看自己的形象和印记"。就这样，本来只是对人类历史上司空见惯的宫廷惨变痛苦的感受，在哈姆雷特身上却升华为对人世、对时代以及对自身怀疑与否定的思考。

综上所述，可以说莎士比亚的《哈姆雷特》从创作伊始在故事原型、复仇悲剧模式上就将欧洲文化传统已有的经典融合起来，是不同国家与民族文化融合的产物。

莎士比亚深刻感受到大航海时代带给英国人的世界性的眼光。他的写作取材都是国际化的。莎士比亚不仅从丹麦故事中获得灵感从而写出《哈姆雷特》；同样，借意大利的故事写出《罗密欧与朱丽叶》《威尼斯商人》等。

正如那句著名的"世界是个大舞台"，莎士比亚的眼光已经远不局限于英伦三岛的狭小范围。

文艺复兴运动使欧洲进入人的觉醒时代，人们对上帝的信仰开始动摇。"人是宇宙之精华、万物之灵长"正是莎士比亚对那个时代的最好的审美观照。

二 西方不同时代的经典如何致敬《哈姆雷特》

英国逐渐获得海上霸权，成为"日不落帝国"，英语及其相关的知识体系也逐渐影响欧洲乃至世界，影响着世界各地的文化精神。莎士比亚的《哈姆雷特》成为全世界公认的文学名著，与英语的传播有关，在各国被广泛地改编和翻拍成各类戏剧和电影。

从目前我们所掌握的资料看，对《哈姆雷特》全剧的改编最早是从1900年法国拍摄的默片《哈姆雷特》开始的。尽管这个版本并没有引起太大的反响，但说明了《哈姆雷特》无与伦比的重要地位。

在《哈姆雷特》问世的400多年里，人们对其主题与内涵的探讨从未停歇过。作品本身对人性、对社会的探讨已经超越了英国本土文化的限制,而上升到了全人类精神与意识的层面,全世界各民族都能从自身找到与哈姆雷特相符的特质;而随着时代的发展,特别是经济全球化以及文化全球化以后,《哈姆雷特》在与异域文化的碰撞中又不断产生新的传承,演绎出新的意义。

由迪士尼公司在1994年拍摄的动画电影《狮子王》,是典型的童话版《哈姆雷特》。该动画电影很快便风靡全球,起初只是为了带给孩子快乐,最后却连成年人都一起被吸引进了电影院。其借用《哈姆雷特》的故事,用符合少年儿童欣赏的视角,转换了人物与社会背景,阐述了一个与《哈姆雷特》截然不同的主题。《狮子王》将《哈姆雷特》中的元素进行筛选与重组,并用迪士尼公司所擅长的动物故事重新演绎,使得原本充满"阴谋""复仇""悲观"等消极主题的故事变得积极而温馨。显然《哈姆雷特》中所描写的血腥复仇并不利于心智不成熟的少年儿童观看,于是,迪士尼公司将《哈姆雷特》的复仇线索淡化,转换为一部关于成长的故事,并大受好评。不得不说,迪士尼公司的这部以成长为主题的"哈姆雷特"刷新了历史上丹麦王子在人们心目中的印象。

片中对"成长与责任"的描写主要集中在小王子辛巴身上。小王子辛巴诞生,举国欢庆,山魈拉飞奇将还是婴儿的辛巴举起,这是辛巴的第一个形象。之后辛巴长大,成为一只健康活泼的小狮子,此阶段辛巴与父亲木法沙有两次对话,并完成了辛巴的第一次成长:辛巴问父亲,为什么自己要吃那些动物,而动物们却仍然接受自己的统治,木法沙用"生命轮回"来向辛巴解释,不过辛巴没有明白;第二次是在木法沙将辛巴和娜娜从土狼手中救下,木法沙让沙祖把娜娜带走,单独给辛巴上了一课,此时的辛巴刚刚经历过死亡线,对父亲所说的"生命轮回"有所理解。木法沙死后,辛巴选择了逃亡,因为他觉得是自己的顽皮导致了父亲的死,他无法面对母亲以及王国里的其他人。此时的辛巴,并不懂什么叫"责任",

他与途中碰到的丁满与彭彭一起生活，并接受了他们"快乐地过好每一天，什么都不想"的观念。日子一天天过去，辛巴也由小狮子长成了一头健壮的雄狮，偶然的机会，他碰到了儿时的玩伴娜娜，并得知荣耀王国在叔叔的管理下一片黑暗，但辛巴并没有打算回去。山魈拉飞奇也找到了辛巴，并向辛巴阐述了责任，此时的辛巴仿佛在天上看到了父亲，并真正理解了"生命轮回"的意义，明白了自己作为"王"的责任，回到荣耀王国，夺回自己的王国。《哈姆雷特》原著刻画最深刻的"复仇"主题在《狮子王》里已经被淡化到几乎不存在的地步：辛巴在片尾才知道杀害自己父亲的真凶，此时才开始真正意义上的复仇，而且他在能杀死刀疤的时候却没有动手，辛巴最终选择的是宽容，他放过了刀疤，但刀疤最终还是间接死于辛巴手中。通过"成长—责任—复仇"这条线，迪士尼公司为我们展现了现代童话与传统复仇的完美嫁接。《狮子王》传承了文艺复兴的重要观点：创新创意来源于文明、来源于历史传统。这同样也是文化创意产业的精髓。这一版的《狮子王》获奖无数，成为一代人心中的经典。

2019年，迪士尼公司由经典动画改编的"真动物版"《狮子王》上映。在主题思想与创意上没有超越1994年版，只能说是从另一个层面向"哈姆雷特"致意。

三 《哈姆雷特》与中国语境的对话

《哈姆雷特》进入中国之后，近半个多世纪以来，成为各地方戏曲改编最多的外国戏剧。本书主要讨论2006年中国上映的两部根据《哈姆雷特》改编的电影——《夜宴》与《喜马拉雅王子》。这两部电影同样也是使用"变通取意"法来改编异域经典，将文艺复兴时期的欧洲经典搬到了中国的"汉"文化与"藏"文化之中，并发展诠释出新的意义和内涵。

《夜宴》的故事结构来自莎士比亚的《哈姆雷特》，但是时代背景与角色身份发生了变化。据说这部电影的剧本最早由邱刚健撰写，片名叫《宝剑太子》，但导演看完后认为剧本基本就是原著的翻译，不具有中国特色，无法吸引中国观众，于是他找到了盛和煜重新撰写了剧本，也就是我们所看到的迥异于原著的《夜宴》。

《夜宴》发生的时代背景是中国的五代十国时期，先帝被其弟所害，而本应继承皇位的太子无鸾却云游在外，奸王登基并执掌朝政，自封厉帝。太子无鸾有一位青梅竹马的玩伴名叫婉儿，他们自小朝夕相处，并渐渐产生了感情。可命运总是喜欢捉弄人，长大后的婉儿年轻貌美，被先王娶为王后，成为无鸾的后母——婉后。在先王被害后，厉帝也贪图婉后美貌，将其霸占。云游在外的太子无鸾刚刚得知父皇驾崩便遭到一群刺客追杀，这群刺客是其叔叔、也就是刚刚登基的厉帝派来斩草除根的。而在另一边，也就是皇宫内部，开始了一场又一场的血腥屠杀。婉后身为一介女儿身，为了在这场血雨腥风中生存下来，不得不委身厉帝，成为厉帝的帮凶，也正是从这时起，她内心对权力的欲望也在慢慢吞噬那颗原本纯净的心。

为了在政治斗争中存活，老臣殷太常与其子殷隼表面上臣服于厉帝，可私下却一直谋划着不可告人的行动。殷太常有一个女儿——青女，很早便许配给了太子无鸾，为了在新政下确立自己的地位，殷太常妄图阻断青女与无鸾的感情，可这时的青女早已痴情于无鸾，放下感情岂会那么容易。太子无鸾躲过一场又一场刺杀，孤身返回皇宫，他想知道，皇宫之内到底发生了什么。回到皇宫的无鸾与厉帝等人表面上看似和睦，但他们的内心一直在进行着精神与智慧的较量。看似平静的湖面下，暗流激涌。隐约得知父王死亡真相的无鸾请戏班演了一出戏，戏里，小丑用毒杀死了熟睡中的王，这与厉帝杀死先王的手法一致。

婉后作为厉帝的嫂嫂，本是不愿意嫁给厉帝的，但是在得知若是嫁给厉帝就能保太子无鸾不死后，只好委身厉帝。婉后对无鸾一直是爱着的，并几次设法救了太子，可这份爱最终也演变成一出悲剧。看到平安无事的无鸾回到皇宫，婉后喜出望外，并想与太子拥抱，可太子无鸾却用一声"母后"将她推开。而正是这一句"母后"，将深藏于婉后内心对权力的欲望彻底释放出来。婉后想扶持无鸾上位，这样他们就又可以回到当年两小无猜的状态，可无鸾对权力没有任何欲望，无法与婉后合作，伤心失望的婉后只好依靠自己。此时的婉后，已经不再是太子青梅竹马的玩伴，也不是太子的后母，而是新皇权下的皇后，为了得到属于自己的地位，她也开始不择手段。对无鸾朝思暮想的青女一直陪伴着他，默默地奉献着，她不求回报，只为能和无鸾在一起，无鸾也慢慢对青女敞开心扉。这种关系却激怒了婉后，她要除掉青女。老臣殷太常为了保护儿女，也为了夺取政权，发动了政变。当一切都结束时，只有婉后活了下来，她得到了觊觎已久的权力，成了女皇，可正当她得意时，一把飞刀飞出，刺中了婉后。

可以说，《夜宴》是中国导演对世界经典文学本土化的一次尝试，它与《哈姆雷特》有着相似的人物与剧情，却在人物关系与主题表述上有较大的差异。作为主角的不再是那位"丹麦王子"，而是"他的母亲"。原著表现的是"复仇"，而《夜宴》阐述的则是中国传统的"宫斗剧"故事，将原著中曲折跌宕的人物内心挣扎演变为中国皇家的尔虞我诈，刻意凸显人性的"恶"。《夜宴》将原著的主题庸俗化，失去了"哈姆雷特"叩问人性的复杂性和时代大背景的重要内容。

同样在2006年，中国另一位导演胡雪桦也把目光投在了哈姆雷特身上，他将原著改编成了一部名为《喜马拉雅王子》的电影。在这部影片里，"丹麦王子"来到了世界屋脊——西藏，他将在距离天空最近的地方重新审视"我从哪里来，到哪里去"。

在久远而神秘的中国西北部，生活着一群说藏语的人，他们有着自己的文化，自己的传统，自己的国家。突然有一天，他们的大王神秘驾崩，并由大王的弟弟——克劳盎登基为新王。在波斯留学的先王之子拉摩洛丹匆匆赶回国奔丧，回来后却发生了令拉摩洛丹费解的事，还在服丧期的母亲居然与大王的弟弟、新王克劳盎结婚了。夜深人静时，先王的鬼魂出现在拉摩洛丹面前，并告知是克劳盎用毒药害死了自己，他要求拉摩洛丹为他复仇。备受打击的拉摩洛丹鬼使神差地来到了尼玛堆前，在那里，他遇见了狼婆。狼婆忠告拉摩洛丹不要冲动行事，否则会后悔一辈子。拉摩洛丹为了探寻真相，开始装疯。这时，一个戏班来到城里表演，拉摩洛丹趁机将他们的戏排成《毒杀》，并在新王面前表演。戏里，国王的弟弟把毒药灌入国王的耳中，杀死了国王并强娶了王后。坐在台下的克劳盎看到这一幕，惊慌失措。

母亲看出了拉摩洛丹的愤怒，但她劝拉摩洛丹不要冲动，并告诉他自己所爱的人其实就是克劳盎，是老国王强行拆散了他们。受到打击的拉摩洛丹不愿相信这一切，误杀了自己的爱人奥萨鲁央的父亲，充满懊恼与悔恨的拉摩洛丹向自己刺了一刀想了结自己。克劳盎以为拉摩洛丹真的疯了，把他送到外国治病。拉摩洛丹此番再次出国，除了被要求治病外，更重要的是自己不愿面对现实。在途中，他遇见了邻国公主阿郄苏羯，在交谈中，拉摩洛丹被阿郄苏羯征服波斯的雄心所折服，决定回国正视自己的宿命。回国后的拉摩洛丹发现自己的心上人奥萨鲁央居然死了。原来在父亲之死与爱人失踪双重打击下，奥萨鲁央精神崩溃并溺水而亡。她的哥哥雷桑尔认为拉摩洛丹害死了自己的父亲与妹妹，要与拉摩洛丹决斗，却被克劳盎阻止。拉摩洛丹看到克劳盎，怒火开始燃烧，欲杀死克劳盎，可母亲却挡在了自己面前。充满惊讶与疑惑的拉摩洛丹又来到尼玛堆，想向狼婆学咒语复仇，可是等来的却是自己的母亲。母亲告诉自己，其实新王克劳盎才是自己的生父，而他杀死先王也完全是出于自卫，鬼魂只是利用拉摩洛丹为自己复仇。

到这里，这位西藏王子已经完成了"我从哪里来"的命题探讨，剩下的，则是另一个命题——"到哪里去"。拉摩洛丹与雷桑尔之间必须做一个了结。克劳盎为了保护自己的儿子，命人在拉摩洛丹的刀上涂了毒药，可拉摩洛丹却把毒刀给了雷桑尔。克劳盎又准备了一杯毒酒，可雷桑尔并没有喝。决斗中，拉摩洛丹被毒刀刺中，受伤的拉摩洛丹丢下武器并大笑，自己终于可以还债了。克劳盎冲上前一刀砍死了雷桑尔，抱起了拉摩洛丹，充满悲痛的母后喝下了克劳盎的那杯毒酒。克劳盎念叨着"终于可以团聚了"，而后自刎而死。至此，这位西藏王子对自己"到哪里去"的命题也已完成。

虽然在票房上不敌同年上映的《夜宴》，但是，就口碑而言，《喜马拉雅王子》更受评论界的欣赏。它与原著在叙事性上更加贴合，但在人物关系与内容逻辑上有了较大的变化。原著的复仇，在这里只是先王的阴谋，而对主题与内涵的诠释也转变成了与"复仇"相对的"宽容"。

《喜马拉雅王子》与《夜宴》一样，都是以杀兄、篡位、占嫂开始，可是原因却不似《夜宴》那样起源于人性的"恶"，而是人性中的"爱"。先王的弟弟克劳盎与王后娜姆才是真心相爱，哥哥却以自己国王的身份强娶了弟弟的爱人。可是，克劳盎并没有像无鸾那样放弃自己的爱人，而是与娜姆藕断丝连。纸终究包不住火，国王发现了两人的事并要做出对娜姆不利的事，为了保护自己的爱人，克劳盎只好先下手为强，用药毒死了先王。可以说，整部剧是因爱而起。拉摩洛丹听信先王鬼魂，誓要为父复仇，可他并不知道自己复仇的对象竟然是自己的亲生父亲。当克劳盎与娜姆发现拉摩洛丹回来是为先王报仇时，他们并没有告诉拉摩洛丹真相，而是一直劝说，希望拉摩洛丹放下仇恨，用宽容对待克劳盎。但是，被仇恨蒙蔽双眼的拉摩洛丹执意要报仇，并误杀了恋人奥萨鲁央的父亲。奥萨鲁央也因拉摩洛丹发疯与父亲被恋人误杀而精神崩溃，失足溺水而死。失意的拉摩洛丹最终从母亲口中知道真相，他对自己的复仇行为产生了疑惑与愧疚。可此时却有人要向拉摩洛丹复仇，那就是奥萨鲁央的哥哥雷桑尔，他要为自己的父亲与妹妹报仇。克劳盎要保护自己的儿子，他为拉摩洛丹准备了毒刀与毒酒，可都没成功。决斗时，拉摩洛丹把毒刀让给了雷桑尔，并被刺伤，身中刀毒的拉摩洛丹向雷桑尔表达了自己"还债"的愿望，而雷桑尔最终也原谅了拉摩洛丹。拉摩洛丹躺在克劳盎的怀里，并喊了一声"父亲"，一家人终于团聚。拉摩洛丹从最初的复仇到最后用自己的死来寻求"爱"与"宽恕"，导演胡雪桦不仅完成了主题的阐述，而且拓展了古老东方文化中生生不息、延绵不断的"轮回"观。

2016年，是莎士比亚逝世400周年，巧合的是，这一年也是中国历史上一位伟大的戏曲家汤显祖去世的年份，《临川四梦》是汤显祖的代表作，也是具有"中国百戏之祖"称号、世界文化遗产"昆曲"的代表性作品。这一年，中国最古老的戏曲昆曲，以"对话"的方式演绎了"哈姆雷特"。张军是昆曲非遗传承人，2009年，体制内的张军辞职创建了中国第一所、目前也是唯一的民营昆曲演出推广机构：上海张军昆曲艺术中心。在2016年这个独特的年份，中心推出了昆曲《我，哈姆雷特》，该剧根据莎士比亚《哈姆雷特》改编，以传统昆曲的"四功五法"演绎《哈姆雷特》的故事内核，张军一人分饰哈姆雷特、奥菲利亚、"父亡魂"、掘墓人4个角色；这4个角色在昆曲中涵盖了生、旦、末、丑4个行当。张军凭借精湛的昆曲功底，完成了一幕精彩绝伦的昆曲独角戏。在演出中，出彩的是角色间的转换、道具的运用，以及音乐上的创新。在《我，哈姆雷特》里，改编者不再追求完整的剧情，而通过一人四角的"我"与我自己进行对话，应该来说是一次成功的实验。张军和他的创作团队把《哈姆雷特》写成一个中国古汉语体制的戏曲，呈现方式上保留了昆曲的程式，用歌舞来演故事。对此，张军也颇有感悟。他认为：当我们用中国的思维方式、文学、音乐和表演艺术来诠释莎剧、反反复复地叩问何谓生死这个全世界所有戏剧最永恒的话题时，中国人也更容易与世界沟通。①

张军也表达了自己对"当代"的理解：不了解过去，"当代"就会很有风险。这是所有中国传统艺术在当代改编时都要面对的问题，不了解自己的来处，走向何方就是一件很没有根基的事情。

基于传统艺术、寻求当代表达。与传统昆曲和英国戏剧的形式不同，《我，哈姆雷特》是一出独角戏，张军一人分别饰演四个角色。"在四个角色里钻来钻去，其实特别痛苦。"张军坦言。在台上，他必须要通过声音、语言、身体形态的不同变化，让观众感受到角色的不同。他还在现场演示了奥菲利亚的扮相，穿上水袖，捏起嗓子，站姿也更为婀娜，观众一望便能看出属于女性的柔美。除了扮相，《哈姆雷特》的语言是个更大的问题。张军说，自己看过莎士比亚的原著和译本，但是通通不能用。"昆曲用的是古汉语，为了贴合曲牌需要进行大量的改编。"张军还笑称，原本打算用英语来唱，后来实在不合适便作罢了。不过，在改编时，那句"to be or not to be"还是被保留了下来。最后，用普通话、韵白、苏白、英语 4 种不同念白，以昆曲独角戏形式全新演绎的"王子复仇记"，让中国传统戏曲与莎士比亚文本之间产生了奇妙的碰撞。

正如本节标题所说的，"一千个读者，一千个哈姆雷特"，不同的改编恰恰反映的是不同文化、不同背景人群对作品的丰富理解。

第三节　东西方经典的融合
——《千与千寻》

《千与千寻》是日本艺术家宫崎骏执导、吉卜力工作室制作的动画电影。该片 2001 年在日本首映，2019 年正式在中国上映。不

---

① 《张军：用昆曲演绎"哈姆雷特"，是种很奇妙的体验》，http://www.oeeeee.com/mp/a/BAAFRD00002018072592572.html，2018 年 7 月 26 日。

过，中国可能有不少观众多年前就看过该片了。《千与千寻》自问世以来，获奖无数，最重要的奖项应该是第一部也是唯一一部以电影身份获得柏林电影节金熊奖的动画作品。

一　人与猪之间：《奥德赛》与《千与千寻》的共同难题

《千与千寻》讲述了千寻和父母一同驱车前往新家，在郊外的小路上不慎进入了神秘的隧道——他们到了一个诡异世界——一个前现代时期的古老小镇。小镇空无一人却在街道两旁摆满了飘着香味的食物，爸爸和妈妈大快朵颐，孰料之后变成了猪！这时小镇上渐渐来了许多样子古怪、半透明的人。

千寻仓皇逃出，一个叫小白的人救了千寻，喂了能够阻止千寻身体消失的药，并且告诉她去找锅炉爷爷以及汤婆婆，而且必须获得一份工作才能不被魔法变成别的东西。

千寻在小白的帮助下幸运地获得了一份在澡堂"汤屋"打杂的工作。渐渐地，她不再被那些怪模怪样的人吓倒，并从同为浴室打工的小玲那儿知道了小白是凶恶的汤婆婆的弟子。

一次，千寻发现小白被一群飞舞的白色纸人打伤，为了救受伤的小白，她用河神送给她的药丸驱除了小白身体内的封印以及守封印的小妖精，但小白还是没有醒过来。为了救小白与自己的父母，千寻又踏上了她的冒险之旅。锅炉爷爷把珍藏了40年的火车票交给千寻，千寻带着变成小老鼠的汤婆婆的儿子坊、无脸男一起乘坐水上火车去找钱婆婆。钱婆婆虽然是与汤婆婆外貌相似的姐妹，却是好人。在她的帮助之下，小白知道了自己的身世，千寻也拯救回了父母。

该片中宫崎骏融合了诸多东西方经典的元素。其实，不仅是《千与千寻》，在宫崎骏所有的作品中，我们都经常可以看到作为人类共同文化资源的东西方文学经典的影子：《风之谷》主人公娜乌西卡与荷马史诗《奥德赛》卷六瑙西卡娅相似度颇高；《天空之城》"拉普达"则让人联想起了英国作家斯威夫特小说《格列佛游记》中飞岛国的勒皮他（Laputa）。《千与千寻》的核心情节与荷马史诗《奥德赛》卷十也有很大的相似性。[①]

在《奥德赛》中，奥德修斯的同伴在基尔克的宫殿不慎变成猪，奥德修斯要在神使赫尔墨斯的指点下拯救同伴，将他们变回人。《千与千寻》与《奥德赛》在此环节中出现了相同的意象：猪。"猪"是具有多重意象内涵的，不能认为猪只代表人性的贪婪与懒惰这一个认识维度。从长时间段来看，人类开始定居以来，猪作为人类较早驯化的动物，一直是最重要的家畜，在中国人的生活中更是如此。从许慎的《说文解字》来分析，什么是家？汉语世界里的家其实就是屋子里有一只猪。从这里可以看到，人们既感恩于猪对家庭的贡献，又对其身为"家畜"有着天然的鄙夷。而且，"猪"的形象随着时代的发展有变丑的趋势。

《千与千寻》与《奥德赛》中的"人变猪"虽然过程相似，但由于《奥德赛》是文字传递，《千与千寻》是画面转达，给观众的直观感觉是更加丑陋。在此，我们看到，奥德修斯的同伴和千寻的父母同样都有一个被放大的"吃"的举动，在此"吃"象征着理性被欲望所支配，表达了过分的物质主义会使人堕落的主题。但是，《奥德赛》的主题是"返乡""回家"，奥德修斯的同伴"变猪"更多的是展现"回家"路途的艰难；而宫崎骏"变猪"的情节，着力点在于"少女的成长"，父母的"不在场"是儿童成长的重要因素，如同哈姆雷特在父亲去世、母亲改嫁之后的"成长"，小狮子辛巴在父亲死后的"成长"一样。千寻的成长也同样经历了"父母不在场"的过程。汤婆婆让千寻在一群猪中辨认父母时，千寻坚定地回答：这群猪里没有我的爸妈。父母本身并没有改变，而是千寻意识到了：我的爸妈不是猪。"成长"的本质是寻找自我和

[①] 郭振华：《""与"的中道和猪的救赎——〈千与千寻〉和〈奥德赛〉》，《读书》2019年第7期。

继承自己的文化本源的过程。

二 "我从哪里来":"沉香救母"与千寻救双亲

《奥德赛》中那些希腊英雄"变猪"之后忘记了回家的路,对故乡、自我来源,也就是"我是谁"的记忆遗失了。《千与千寻》中"失忆"的不仅有小白,还有所有在汤婆婆的小镇中被抹去姓名或者改变姓名的人。日文片名《千と千尋の神隠し》中的"神隠し"是一个具有日本民俗特色的词,意思是"被神仙藏起来";日本人用这个词来指孩子无故失踪、无从寻找的情形。而各国的译名却都没有体现这层韵味。中文的通用片名索性砍掉了后半部分,就叫《千与千寻》。

我们注意到影片中的一个细节:千寻来到汤婆婆的工作场所时,汤婆婆给了她一个新的名字"千",以抹去她的记忆。"失忆"不仅是电影情节与桥段,更是哲学追问"我是谁""我从哪里来""我要到哪里去"在文艺作品中的重要引申。而这种对于自我身份的哲学思考,同样也存在于东方经典之中。比如源于中国神话传说的"沉香救母"。三圣母是天上的神仙,她喜欢上人间一个叫刘彦昌的书生,两个人结为夫妻,生下了一个男孩,取名沉香。按照天朝律令,神仙是不可以跟凡人结婚的。三圣母的哥哥二郎神知道了此事,非常生气,把妹妹三圣母压在了华山下面。沉香 10 岁的时候,爸爸告诉他妈妈被压在了华山下面,他决定救出自己的妈妈。沉香去找舅舅二郎神的途中,遇到了一位叫吕祖的道人。沉香拜吕祖为师,学了很强的武艺。武艺练成,沉香找到二郎神。打了三天三夜,二郎神没打过沉香只好交出钥匙。沉香用钥匙月牙斧把华山一下子劈成两半,救出了妈妈。从此一家人团聚了。

"沉香救母"的故事与《千与千寻》的核心共通处都是"拯救",而且是子辈对父母辈的拯救。这个举动既完成了主人公的成长,也反映了人类文明的一条重要纽带,就是血缘对人类文明以及自我身份认同的重要意义。父母对子女的养育，子女成年后对父母的保护，这样的血缘关系是人类文明，特别是东方文化得以延续的重要力量。保护自己和保护父母，寻找父母，其实都是为了保护自己的来源——文化之根。以中国为代表的东方农耕文化区域，注重经验，重视孝道，对族群中的老者更加尊重，故产生了"沉香救母"这样的经典故事，应该说这代表了东方文化的内核。"沉香救母"的故事，在民间广为流传，而且被搬上戏剧舞台，秦腔剧"劈山救母"、越剧以及京剧"宝莲灯"表演的都是这个故事。国产动画大片《宝莲灯》（2000年）就是以此历史传说为基础拍摄的，它是中国宝贵的历史文化财富。同时，我们看到，在早期人类文明的发展史上，最早经历的是母系氏族社会阶段。由此，可以说人类的第一认知的血缘文化传承是母亲而不是父亲，这解释了为什么沉香救的是"母"而不是"父"。可以说"沉香救母"保存着更古老的人类文明密码。10岁的沉香与10岁的千寻救（父）母的过程既是他们自己成长的历练，又是他们及其代表的"后代"找到自己"先辈"的过程。回到哲学追问上，也就是解决了"我从哪里来的"问题。"失忆"和"寻找"是同一事物的两面。就像《千与千寻》中的小白，小白之所以帮助汤婆婆，为虎作伥，是由于"失忆"。为了获得"我是谁"的答案，他和千寻一起踏上了寻找的过程，最后千寻和小白都找到了自己的本源。原来小白是曾经生活在人类世界的一条叫作"琥珀川"的河流里的龙，但因为河流被人类掩埋而跟汤婆婆学魔法，是汤婆婆的得力助手。他在千寻小的时候救过落水的千寻，并且记得她的名字。为此，他冒险给了千寻很多帮助，介绍千寻给锅炉爷爷，告诉她的真名（因为一旦记不起来，就永远找不到回家的路了），带她看变成猪的父母，等等。然而，他不仅没有了自己的名字，而且行动也被汤婆婆的诅咒所控制。后来在千寻等人的帮助下康复，他找回了自己遗忘的真名"赈早见琥珀主"（ニギハヤミコハクヌシ），记起了忘记的往事，最终帮千寻和她的父母离开了小镇。

《千与千寻》在艺术处理上同样受惠于世界文化发展史上的诸多经典。在此，我们可以看到当代日本女作家柏叶幸子的小说《雾中的奇幻小镇》（霧のむこうのふしぎな町），它描述一名少女在一个奇妙小镇工作的故事；也可以看到美国小说家娥苏拉·勒瑰恩（Ursula Kroeber Le Guin）《地海巫师》（*A Wizard of Earthsea*）中大法师寻求自己真名的设定。当然，最为显著的则是《爱丽丝梦游仙境》（*Alice in Wonderland*），提供了千寻踏入灵异世界的剧情架构。

从文化创意产业的实务来理解当代的文化精品，我们能够梳理出一条清晰的继承、发展、融合的线索。当代文艺精品首先是了解并且呼应当代人的精神诉求与生存困境，同时，我们更应该看到人类的文明史都在针对生存的最基本困境："生、老、病、死"进行各种思考，并且努力使生命的每一个阶段充满意义。正因为如此，传统经典的当代表达就是现代人与经典的最好关系。本节所讨论的"拯救"、"成长"与"寻找"是围绕着"生"而展开的重要母题。《哈姆雷特》《狮子王》《千与千寻》等经典作品在这一点上是相通的。

第四节　文化资源的技术处理与产业开发
——《星球大战》

电影及其代表的影视行业在当代文化产业中极具代表性。目前，全球电影产业发展势头良好，北美依旧主导全球电影产业；中国电影产业发展为全球第二。目前，国产影片越来越受到青睐，2019年中国总票房达642.7亿元，电影行业的从业人员增多，关联性产业较多，其发展最能够代表文化产业的本质——文化资源与技术进步的结盟。电影在其100多年的发展史上经历了三次技术大发展，即从默片到有声，从黑白到彩色，从胶片到数据，无疑，第三次变革不仅给电影带来了革命性影响，而且反哺了计算机技术的发展，进而带动人类快速进入数字时代。随着数字技术的不断进步，影视创作的理念发生了根本性转变，极大地扩展了影视的表现领域。数字电影给我们的观影体验以及日常生活带来了许多视觉上的冲击，也带来了前所未有的艺术享受。当计算机数字技术应用到电影中后，电影成了名副其实的造梦机器。而这一切都源于一个极具创造力的人物乔治·卢卡斯（George Lucas）的奇思妙想。

一　《星球大战》催生文化资源与技术处理的迭代

电影产业以对观众的视觉产生影响而实现其价值。法国电影理论家安德烈·巴赞认为"摄影的美学特征在于揭示真实……印在照片上的物像的存在如同指纹一样反映着被摄物的存在，摄影实际上是自然造物的补充"[1]。应该说，巴赞很好地表达了电影在胶片时代所产生的影像本质。但是，到了数字时代，由于数字技术的发展，其所创造的数字特效视觉在很大程度上并非来自对现实物质的照相式还原。在数字时代，貌似逼真的画面，也是通过计算机生成出来的，不再是巴赞定义的"真实"范畴，而只是对现实的模拟。美国电影理论家罗伯特·考尔克曾将这种方式描述为："数字视觉特效所构建的影像精致程度，让所有真实与不真实的东西看上去同等真实了。"[2] 总之，数字时代的电影产业实现了人类"造梦"的理想，使得科幻、灾难、历史、未来等非现实题材的电影得到了很大的发展。20世纪70年代，"星球大战"仅仅是乔治·卢卡斯的一个梦，今天，我们梳理卢卡斯将"星球大战"由"梦"转变成多部光影巨作《星球大战》的40多年历程，其实就是电影产业催生文化资

---

[1] 转引自尚晓东、王鑫：《电视纪录片真实性美学探析》，《戏剧之家》2013年第11期，第178页。

[2] 转引自王海峰：《都市电影的城市美学转向》，中国社会科学网，http://news.cssn.cn/zx/bwyc/202002/t20200224_5092080.shtml？COLLCC=3982742562&，2020年2月24日。

源与技术处理迭代的过程。

　　从电影制作与技术发展的历史维度看，《星球大战》系列电影的创作，经历了数字视觉特效发展的3个阶段。第一个阶段是20世纪70~80年代，主要代表者是《星球大战1：新希望》（1977年）、《星球大战2：帝国反击战》（1980年）、《星球大战3：绝地归来》（1983年）这3部正传作品，代表了数字视觉特效技术早期的主要形态。第二个阶段是20世纪末到21世纪初的3部前传，分别是《星球大战4：魅影危机》（1999年）、《星球大战5：克隆人的进攻》（2002年）、《星球大战6：西斯的复仇》（2005年）。这时期正是电影生产从胶片转向数字的过渡时期，此时，计算机图形图像技术开始广泛运用于电影创作，数字视觉特效技术逐渐走向成熟。第三个阶段则是以2015年的《星球大战7：原力觉醒》、2017年的《星球大战8：最后的绝地武士》和2019年的《星球大战9：天行者崛起》为代表的后传作品，都是在数字视觉特效在电影中得到普遍运用、审美走向多元化的背景下诞生的。《星球大战》是以宇宙为对象的幻想系列电影，无论是故事发生的场景、道具、人物形象，甚至影片使用的语言，其现实与科学的成分都较少，这些不仅都需要虚拟，而且要逻辑自洽，更需要与人类的普遍情感相联系。为此，乔治·卢卡斯为生产《星球大战》而设立的工业光魔公司运用数字视觉特效虚拟了诸多的人物形象、人物道具、场景等影像与叙事元素，同时，使用隐喻、节奏、极限等形式化的手法去完成叙事和表现。

　　第一，我们来看看数字技术是如何虚拟出一个独特的时空的。《星球大战》的空间主要是宇宙太空以及其中的一系列星球，且时间设定在很久很久以前，这是一个只存在于想象、文字描绘的庞大的空间，如何将其视觉化？在早期的三部片子《星球大战1：新希望》《星球大战2：帝国反击战》《星球大战3：绝地归来》中，星球表面是利用地球的沙漠地区代替，陨石、光速前进等依靠道具和台词来完成。而在第二阶段"星球大战前传"的3部电影中，则借助数字视觉特效将星球上的景色、陨石的坠落等外太空场景呈现得更逼真更宏大。

第二，应用数字技术虚拟一系列"异化"的生物。故事中的人物其实是在宇宙太空中存在的生物，他们仅仅拥有人类的部分特征，由此虚拟出了一系列太空人、机器人、怪物以及未知的生命体。例如，冈根人加·加·宾克斯是一个完全由计算机创作的电影人物，看他的行走方式就能够从现实经验或认知中推断出他是一个虚拟人物。影片中的重要人物尤达大师的形象，是智慧的化身。但他不是地球人，在《星球大战5：克隆人的进攻》的制作中，虽然数字视觉特效完全可以把尤达大师制作得更像地球人，但制作者仍然保留了在前几部电影中塑造的形象，一方面是为了保证系列电影中尤达大师形象的一致性；另一方面则为了实现审美的陌生化，以达到象征的艺术目的。

第三，道具的创造更逼真，以光刀与飞船为例。《星球大战》中经典的光刀，最初由人工绘制，但在《星球大战》前传之后全部改为电脑制作，对抗的过程、光刀的变化在数字视觉特效下表现得淋漓尽致。如果仅靠传统视觉特效的道具方法，《星球大战》中频繁使用的飞船，是无法满足观众猎奇而又沉浸其中的观影体验的。数字视觉特效将飞船更加具体化，如其超大尺寸、飞行动作细节、规避障碍物等，能够让观众从影片的叙事逻辑中感受到它的"合理性"。

第四，渲染神秘、震撼的气氛与节奏。在现实生活和拍摄中，有许多大空间是没办法进行拍摄的。而《星球大战》中呈现了人类超越现实活动范围在太空星球之间随意穿梭的场景。在"星球大战前传"三部曲以及《星球大战7：原力觉醒》中，数字视觉特效已经可以创作大量与现实景象极为相似的场景和生物，那种铺天盖地而来的大兵团、飞船的阵势展现出数字技术的新特征。

数字特效的发展并不是独立的或提前于电影的；相反，正是由于电影表达的需要，才诞生了现在的数字特效技术。如果说大名鼎鼎的工业光魔公司是《星球大战》系列电影的车间的话，维塔工作室则是彼得·杰克逊（Peter Jackson）的御用工作室，这个工作室不仅创作了《指环王》《阿凡达》《金刚》这样的经典大片，还为各个电影的拍摄制作了一系列的软件程序。在电影《指环王》中，导演彼得·杰克逊为了制作万马奔腾的战争场面，拜托维塔工作室的数码艺术家兼程序员史蒂夫·瑞吉勒斯制作了群组模拟软件Massive，正是有了这个软件，彼得·杰克逊再也不用担心演员不够用、场面不够大的问题了。

Massive非常智能，不仅可以制作成千上万人一起战斗的场面，还可以给每一个角色懦弱、勇敢、自私等不同的性格，使他们在不同的情况下可以依据自己的性格在战场上做出不同的动作。不仅如此，Massive还有很多实用功能，比如可以用于创作角色的骨骼设计、皮肤绑定、布料模拟；还可以给角色设置并设计各种动作；制作适用于各种人物和场景的材质纹理、灯光工具等。[①]

从文化资源上分析，《星球大战》系列电影在融合东西方经典文化方面同样可圈可点。在《星球大战1：新希望》中，可以看到日本导演黑泽明的电影《武士勤王记》（1958年）的影子。贯穿系列影片的重要概念"原力"显然源于东方哲学，它虽然看不见摸不着，但充盈于万物之间，只有理解它、顺应它，方能获得力量；这颇有点像"道""气"。关于"原力黑暗面的诱惑"颇似佛教"心魔"的概念；至于电影中不断出现的"恐惧使人愤怒，愤怒引起仇恨，而仇恨使人痛苦"的教诲也与佛教戒律相似。同时，作为好莱坞产品，《星球大战》系列电影中有不少情节取自《圣经》是再自然不过的。阿纳金没有父亲，"感力而生"的情节不仅与圣母玛利

---

① 李瑞乾：《特技使电影成为造梦艺术》，《艺术科技》2017年第2期，第125页。

亚处女生子类似，同时，与全世界文明初期的故事原型也有相通之处；而儿子卢克救赎父亲阿纳金的情节，也使人想起作为人类之子的耶稣对人类的救赎。《星球大战》作为奇幻类电影，在非现实的场景、奇异的道具、异形的人物等给观众带来全新的观影体验之时，必然隐含着人类共有的文化记忆；以此体现创作者的价值观，是《星球大战》主创所秉承的理念，也是《星球大战》能够成为一种全球文化现象的重要原因。

这种对东西方文化的继承之所以组成了《星球大战》系列电影的文化内涵与导演卢卡斯个人的文化选择有着极大的关系。"愿原力与你同在"，这句经典台词，是整个《星球大战》世界的核心，也是那个遥远星系的世界观。在构思《星球大战》系列电影时，导演卢卡斯差不多将前半生接受的所有文化影响都浓缩其中。"很多人能够在自然之中，或者在与其他生物的沟通过程中感受到那种意念的力量。有时候这被称为上帝。"在《星球大战1：新希望》中，卢卡斯借欧比旺之口对原力做出解释，"'原力'是绝地武士的力量源泉，是一种由所有生物创建的能量场，包围着我们，穿透着我们，它把星系紧密地连在一起"。[①] 从哲学意义上看，系列电影中作为生命起源的原力是"二元对立"的存在，如同硬币的两面，同时包含着光明与黑暗、正义与邪恶、战争与和平、生命与死亡等这些终极对立的命题。原力本身虽然是中性的，但在通过"迷地原虫"与生命体发生联系的过程中会产生二元分裂，并相互转化。由此，整个银河分裂成银河共和国与银河帝国，以及它们的守护者绝地武士与西斯武士，前者预示光明，后者代表黑暗；两者之间此消彼长，争斗不休。系列电影里有一则预言：天选之子即 the chosen one 拥有巨大的力量，他能够给原力带来平衡，并引导银河系经历黑暗与光明的轮回。这个天选之子就是安纳金·天行者，而《星球

[①] 杨帆：《电影 IP 的文化内核与产业运作——以〈星球大战〉系列为例》，《文艺生活》2006 年第 4 期，第 141 页。

大战》前6部就是这个预言实现的过程。安纳金是贯穿系列电影的核心人物，他本身就是原力的具象化，真正意义上的悲剧英雄。卢卡斯深受美国比较神话学家约瑟夫·坎贝尔的神话学理论的影响：英雄因某种神秘力量的启示，接受种种磨难，展开一段冒险旅程。

《星球大战1：新希望》上映时，美国正处于越战结束后的信仰危机中，《星球大战》紧紧抓住这个时代的需求，其所塑造的英雄形象仿佛给当时的美国人打了一针兴奋剂，让其重拾乐观与希望。

二 《星球大战》造就文化资源产业开发的新模式

1969年，年轻气盛的弗朗西斯·福特·科波拉与乔治·卢卡斯志在摆脱好莱坞大制片厂对年轻电影人的钳制，他们共同创办了西洋镜电影公司（American Zoetrope）。卢卡斯导演的处女作《五百年后》也是在西洋镜电影公司制作的。1971年，乔治·卢卡斯在加利福尼亚的圣·拉菲尔成立了以自己名字命名的卢卡斯电影公司。未曾料想，他在1977年执导的一部影片，不仅为好莱坞增添了一种"科幻电影"的新类型，而且造就了电影文化产业开发的一种新模式：以卖座的正片+续集+前传+后传的电影产业系列产品生产，以及周边衍生产业的发展为特征。由此，《星球大战》成为跨越两个世纪并仍在延续的文化产业传奇。它用12部电影、40多年的时间，影响了至少两代人，其粉丝作为无法统计的庞大群体覆盖全球。2012年，卢卡斯影业（Lucas-Film）被迪士尼公司以40.5亿美元收购后推出的《星球大战7：原力觉醒》，超越各路重金打造的高科技类型片，以20.68亿美元的全球总票房高居影史第三位；在北美更是力破《阿凡达》保持6年的电影总票房最高纪录，成为首部突破9亿美元的电影。

从载体来看，《星球大战》系列作品包括电影、动画连续剧和衍生产品三类。除电影外，还包括动画连续剧，如《克隆人战争》和《义军崛起》；此外，还包括小说、漫画、游戏等衍生产品。①

1977 年，《星球大战》正传第一部《星球大战 1：新希望》上映，一段记载着天行者家族捍卫"古老的共和国"的故事由此展开，一个商业帝国的神话也拉开了序幕。影片获得了巨大的成功，在次年的奥斯卡奖评选中，《星球大战 1：新希望》获得 10 项提名，并最终赢得最佳视觉特效、最佳音效、最佳剪辑、最佳动作设计等 7 项大奖。绝大多数 20 世纪六七十年代出生的美国孩子都不止一次地看过这部电影。《星球大战 1：新希望》上映当年，影片的美国本土票房就达到 1.85 亿美元，超越两年前斯蒂文·斯皮尔伯格的《大白鲨》（约 1.33 亿美元）。多年之后，人们把 1977 年看作美国当代电影的起点，它定下了美国电影之后的发展基调：高科技特效、娱乐性、大投入、为成功影片拍续集……

随着 1999 年后"星球大战前传"系列的陆续出炉，《星球大战》票房不断膨胀，截至 2010 年，"星战"六部曲累计票房超过 44 亿美元。以《星球大战》为主题的出版物也为《星球大战》帝国扩充了版图。在美国各大书店，关于《星球大战》的小说种类繁多，往往一家书店里就有 20 余种。而这个领域还包括以《星球大战》为主题的家用影像产品、电影配乐 CD、横跨各主流平台的电玩游戏、"星战"武士，还有卢卡斯与百事可乐等其他领域的合作产品等。②

《星球大战》不仅创造了一个庞大的电影宇宙，更是电影周边玩具生产、销售的起点。《星球大战》的成功使相关的玩具产品应运而生，孩之宝公司甚至因为无法在短时间内造出足够的玩具应付

---

① 南方战士：《〈星球大战〉作品概述》，http：//www.starwarschina.com/portal.php？mod = view&aid = 179，2020 年 1 月 22 日。
② 《"〈星球大战〉之父"的商业传奇》，搜狐网，https：//business.sohu.com/20121129/n359040543.shtml，2012 年 11 月 29 日。

市场需求而破天荒地推出了空盒的预售款。不过大笔的版权费却和福克斯公司毫无关系，因为当初未能看出《星球大战》的潜在魅力，福克斯公司同意让卢卡斯保留了相关玩具产品的开发版权。一部名为《塑料银河：星战玩具的故事》的纪录片，讲述了卢卡斯这部开创性的电影和俄亥俄州玩具制造商肯纳之间的合作。事实上，在影片上映前6周，卢卡斯才和肯纳签订周边产品制造的合同，而一开始肯纳只计划提供价格低廉的玩偶、贴纸、图书之类的产品，并没有人形公仔。短暂的时间让肯纳没法及时生产出玩具，在当年的圣诞节期间售卖。为了赶工期，肯纳决定生产一款硬纸卡片，并最终在1978年3月投入市场。该纪录片的导演布莱恩·斯蒂尔曼表示："不管肯纳生产出什么东西，随着电影的热映肯定都卖得很火。但如果能赶工期在1977年的圣诞节开售的话，销量肯定更大。"数十年来，在美国，相当多的影视剧向《星球大战》及其创始人卢卡斯致敬。其中有一部专为"星迷"拍摄的电影《星战迷友》，卢卡斯本人甚至还在其中客串了一把。而在电视剧方面，《生活大爆炸》里一众宅男更是口不离"星战"，手不离"光剑"。

而对庞大的收入，卢卡斯的花钱方式也颇为有趣。他几乎把绝大部分收入都投到了他的"造梦机器"（他旗下的公司）里，尤以号称"特效巫师"的工业光魔公司最为大家熟悉。30年来，卢卡斯一次又一次地将拍片所得的盈利尽数投入其中，使其成为世界上最优秀的电影效果制作公司。投资机构Needham & Co.的分析师迈克·高恩曾指出："《星球大战》系列电影拥有非常庞大的产业链，其特许经营权可能成为业内有史以来规模最大的业务。"[①] 如何成功开启这台"印钞机"，迪士尼公司首席执行官伊格尔在接受媒体采访时指出："对于伟大的电影叙事来说，科技革新的优势已经得到

[①] 《迪士尼收购卢卡斯 凸显媒体产业内容为王趋势》，腾讯网，https://ent.qq.com/a/20121101/000033.htm，2012年11月1日。

了证明。科技使我们能够以此前从未想到过的方式来制作影片。"①

2012年,《星球大战》的"光剑"交到"米老鼠"的手中,迪士尼故事收获了一个大IP与素材库。卢卡斯觉得自己老了,要把"星战帝国"托付给年轻人了。借助迪士尼的商业手段,《星球大战》进入了乐园,将进一步国际化与商品化。

---

① 《迪士尼收购卢卡斯 凸显媒体产业内容为王趋势》,腾讯网,https://ent.qq.com/a/20121101/000033.htm,2012年11月1日。

第四章　从枕边故事到迪士尼乐园

文化创意产业是内容上有无限的资源、技术载体上有前沿科技不断加持、古老而又长青的产业。纵观文化创意产业的发展历程，迪士尼公司无疑是最成功的典型案例之一。迪士尼公司是目前全球最大的文化产业公司，2018财年[①]营业收入为594.34亿美元，净利润为125.98亿美元。目前公司主要包括影视娱乐、酒店及主题乐园（度假村）、传媒网络、消费产品与互动媒体等四个主要业务部门，涵盖了文化创意产业的诸多部门。

迪士尼公司从创始人华特·迪士尼开始，通过对童话故事、文学经典的改编和继承，紧紧扣住"童话"故事主题的单纯、清晰，不断重复文明社会所倡导的"善良战胜邪恶""光明战胜黑暗"的信条，历数十年而不变。另外，每过几年迪士尼公司总要顺应时代潮流，创造出引领又一代人的新"形象"。从白雪公主到爱莎，陪伴着一代人成长的是"电影—电视—音乐—游戏—玩具—主题乐园"的文化产业链，使人们在不同的年龄段都有"重返迪士尼"的理由与冲动。不管是看米老鼠还是看海洋奇缘长大的人，都可以从不同的影剧院走出来、看着不同的迪士尼节目、听着不同的迪士尼音乐、玩着不同的迪士尼玩具，最后在迪士尼乐园齐聚一堂。

---

① 财年指2017年10月1日至2018年9月29日。

第一节　迪士尼动画
——一切开始的地方

无论公司如何发展扩大，动画制作永远是迪士尼公司的根基。与时俱进、勇于创新是迪士尼动画产品保持魅力的根本保证。回溯动画电影史，世界动画史上第一部有声动画、全彩色动画、长篇动画电影均出自迪士尼公司。从米老鼠的诞生开始，迪士尼公司永远走在动画制作的最前沿。

一　迪士尼公司的兴起

（一）首部有声动画——《威利号汽船》

尽管迪士尼兄弟工作室（属于迪士尼公司）于1923年已经成立，但公司并没有立即打响名号。1927年，目光敏锐的华特·迪士尼在观看史上第一部全面使用声画同步的电影《爵士歌王》时，意识到声音与动画的融合也将是不可避免的，因此投入了有声动画的制作。1928年11月18日上映的《威利号汽船》标志着人类历史上第一部音画同步的有声动画短片的诞生。作为这部片子的主角，米老鼠一夜成名，影片的首映日期11月18日也因此被定为米老鼠的生日。

米老鼠的形象经历多次改版才成为今天我们看到的形象。起初，米老鼠的外形更倾向于写实，耳朵小、鼻子嘴巴尖，后经其创作者华特·迪士尼不断的设计，终于形成了现在经典的米老鼠形象：皮肤黝黑，手戴白手套，身披小马甲，下身穿休闲小短裤，长着四只手指的手掌。米老鼠拥有冒险精神，不世故，有胜过他人的童稚野心，心地善良，具有快乐、天真的本性，淘气而又聪明机灵。这个风趣幽默的小家伙常常会引得观众大笑不已。一个全新的米老鼠形象就这样横空出世了。迪士尼说，米老鼠的个性出自卓别林："我们想让一只虽然很小的老鼠，却具有卓别林的想法，虽为小人物却具有尽力而为的精神。"① 在《威利号汽船》中的米老鼠身上的确可以看到诸多卓别林的喜剧元素。二者的造型都表现为漫画式的夸张，尤其是米奇头戴高帽、脚蹬特大号的靴子是直接模仿了卓别林"小流浪汉"的高帽、宽腿裤、手杖和特大号鞋的造型。卓别林无疑是米老鼠最重要的蓝本，米老鼠娱乐有声时代的观众的方式与卓别林娱乐上一代人的方式是一样的。

"一切都始于一只老鼠。"华特·迪士尼生前常常这样对别人说。正是米老鼠成就了迪士尼王国的崛起。1978年，米奇的名字被刻在好莱坞的星光大道上，米奇成为星光大道名人榜上的第一位动画明星，直至今天，米老鼠的形象仍为大众所熟知，也成为迪士尼乐园中重要的卡通人物形象。

（二）首部全彩色动画——《花与树》

尽管《威利号汽船》及后续的米老鼠系列短片大受欢迎，但迪士尼公司始终密切关注拍摄技术的发展，力图跟上技术革新的浪潮，使影片更吸引观众。当时除了无声电影向有声电影转换之外，黑白电影同样正在向彩色电影转换。20世纪初期，有色影片只能通过后期手工上色实现，成本高昂，只有少数资本雄厚的公司或者工作量较小的短片能够承受。各个公司无不希望能够研发出省时省力的彩色拍摄技术，并进行了诸多尝试。1930年，华特·迪士尼的合作者乌布·伊沃克斯在离开迪士尼公司之后推出了《青蛙菲利普》，这是最早的彩色动画短片。但是由于技术限制，当时的彩色拍摄技术只能通过红绿两色呈现，大大限制了片中所能表现的色彩范围，效果并不理想。

1931年，特艺彩色技术被发明出来，终于使电影实现了全彩色的呈现。在其他制片厂对这一技术仍持观望态度的时候，华特·迪

---

① 赵之正：《华特·迪士尼与米老鼠》，《出版参考》2004年第2期。

士尼当即决定放弃《花与树》已经拍摄到一半的黑白底片，转而使用彩色技术重新进行制作。1932 年，《花与树》作为世界上第一部全彩色动画电影正式上映。这一举措大大提升了片子的制作成本，但效果也是显著的，花草树木的细腻色彩为迪士尼公司在商业上和评论上赢得了极大的成功。同年，《花与树》荣获奥斯卡首次创设的最佳动画片奖。

（三）首部长篇动画片——《白雪公主和七个小矮人》

进入 20 世纪 30 年代之后，受经济大萧条的影响，美国电影行业由之前的快速扩张转向下行。1932 年，美国电影全行业亏损超过 8500 万美元，次年 16000 家专门播放电影的剧院关闭了 5000 家，票价从 30 美分降到 20 美分，观众与 1930 年相比减少了 25%。影院由此调整了播放策略，从原本一部短片加上一部长片的放映方式转为连续播放两部长片，以其经济实惠吸引观众走进影院。动画短片市场受此波及，需求锐减。另外，随着技术的发展和竞争对手的不断进步，动画短片的制作成本也在不断提高。

面对这一形势，华特·迪士尼决定要与真人电影长片进行竞争，创作一部长篇彩色动画以获取更大的收益。1934 年，《白雪公主和七个小矮人》的创作正式启动。大大增加的片长，同时也意味着观众对影片所呈现的真实性的要求大大增加。为此，迪士尼公司对剧本进行了反复调整和修改，以适应长片叙事的节奏。在画面的真实性上，迪士尼公司克服了诸多技术难题，首次使用多层次摄影机制作动画，以增加视觉上的景深与细节。

终于，迪士尼公司于 1937 年 12 月 21 日推出了世界电影史上首部长篇动画片《白雪公主和七个小矮人》，时长 83 分钟。白雪公主的形象和故事出自家喻户晓的《格林童话》。在银幕上，人们首次看到了童话中描绘的"皮肤似白雪、朱唇红如血、头发黑似夜"的白雪公主，声音、色彩与美妙的童话故事完美地结合在一起。影片上映获得空前的成功，截至 1939 年 5 月，全球票房收入达到 650 万美元，是当时最成功的有声电影。值得一提的是，儿童被认为是此片票房的主力军。考虑到当时一张儿童电影票仅售10美分，可以想象其空前的规模。1939年，由于此片"给数以百万计的人们带来了快乐并为动画电影开启了新的伟大篇章"，华特·迪士尼再次荣获奥斯卡特别荣誉奖。

在《白雪公主和七个小矮人》上映之前，动画片被人看作真人电影的陪衬，地位不高。许多人都认为，花钱去看一部长篇动画故事的行为太荒谬了。《白雪公主和七个小矮人》不仅得到艺术上的成功，而且证实了动画长片的收益能与真人影片一争高下，为电影业界开拓了一个全新的市场。迪士尼公司的重心自此由动画短片转向了动画长片的制作。

二 迪士尼公司的复兴与技术革新

（一）迪士尼公司复兴期

在《白雪公主和七个小矮人》取得巨大成功之后，迪士尼公司陆续创作了《木偶奇遇记》《小鹿斑比》《小飞象》等一系列兼具艺术与商业价值的经典动画长片。但是，同一时期迪士尼乐园和《欢乐满人间》等真人电影的成功，使得迪士尼公司对是否继续制作动画片产生了动摇。1966年华特·迪士尼去世之后，迪士尼公司动画长片的创作长时间处于低谷，逐渐失去了在动画行业的领先地位。

1984年上任的CEO艾斯纳是迪士尼公司动画片复兴的关键人物之一。他始终认为迪士尼公司的核心价值在于动画片，重振迪士尼公司的动画制作业务应成为公司的首要任务。迪士尼公司的动画片制作自此进入了新时期。1989年《小美人鱼》的诞生是迪士尼公司动画片终于迎来复兴的标志。从各个方面看，《小美人鱼》都是一次对迪士尼公司传统的回归。不仅其剧本改编自经典童话故事，而且不少华特·迪士尼时期的经典影片制作方法与技巧也得以恢复。在立足传统的同时，迪士尼公司对《小美人鱼》也进行了大量的创新。音乐在片中进一步提升到了与画面同等重要的地位，大量优质歌曲与叙事的结合使得该片的原声带销量超过 200 万张，远远超过之前任何动画片原声带的销量。

《小美人鱼》的成功证明了耳熟能详的故事与音乐、动画的深入结合仍不过时，后续的成功作品如《美女与野兽》《阿拉丁》《狮子王》等均延续了这种百老汇音乐剧式的风格。1994 年的《狮子王》是迪士尼公司复兴时期的顶峰，全球票房高达 9.88 亿美元，是有史以来票房收入最高的动画片之一。优质的音乐和大量的歌舞段落也为舞台改编开了方便之门，这一时期的作品大多成为未来"迪士尼百老汇音乐剧"的改编题材。以《狮子王》为例，1997 年在纽约百老汇开演以来它一直大受欢迎，至今仍常演不衰，并于 2012 年成为百老汇第一部票房超过 10 亿美元的剧目。

（二）向电脑动画制作转型

20 世纪 90 年代的迪士尼公司在重视传统动画制作技术的同时，也在有保留地尝试最新的电脑制作技术。当时 CG（Computer Graphics）在电影中的运用开始逐渐普及，但迪士尼公司内部掌握 CG 制作技术的努力并不太成功。1995 年，迪士尼公司支持皮克斯动画工作室推出了一部完全以 3D 计算机动画制作而成的动画电影《玩具总动员》。《玩具总动员》叙述了小男孩安迪与玩具之间所发生的故事。CG 动画的精密手法在其中充分发挥，从一景一物到人物所有表情均由电脑绘制而成。影片上映后大获成功，为动画电影开创了全新的形态，CG 动画逐渐成为市场上的主流之一。

受皮克斯动画工作室和梦工厂工作室等制作的 CG 动画电影成功的影响，迪士尼公司于 20 世纪初全面转向 CG 动画。2004 年，迪士尼公司关闭了传统动画工作室。2006 年，迪士尼公司正式收购了皮克斯动画工作室，但皮克斯动画工作室仍保持运营上的独立性，为迪士尼公司提供了有异于传统路线的新鲜血液。迪士尼公司自己制作的 CG 动画电影如《四眼天鸡》等仍不是太受欢迎，直到 2010 年的《长发公主》以及 2013 年的《冰雪奇缘》，CG 技术与传统迪士尼公司歌舞片路线的结合才使得迪士尼公司动画重又大获成功。

《冰雪奇缘》成为迪士尼公司首个全球票房超过 10 亿美元的动画片，并成功超越了皮克斯动画工作室的《玩具总动员 3》，成为史上票房最高的动画片。有趣的是，该片在放映的时候片头有一段最新的米老鼠短片《小马快跑》，短片完美融合了黑白手绘动画与 CG 动画，象征着迪士尼公司传统与创新的结合。

第二节　迪士尼乐园
——将所有的小蘑菇都装到一个筐里

主题乐园由城市游乐园发展而来，围绕特定的主题，为人们创造奇妙的虚拟体验空间。迪士尼乐园作为最受欢迎的主题乐园之一，在创建不到 70 年的时间里从北美扩展到了亚洲、欧洲，并获得各国人民的喜爱。和华特·迪士尼当初的设想一样，迪士尼乐园能给人们带来快乐，也是人们铭记梦想的地方。

一　迪士尼乐园的发展历程

（一）构想的由来

20 世纪 50 年代，由于电影业的疲软，迪士尼公司感受到了前所未有的生存压力。当时，许多人希望能造访迪士尼公司的制片厂，看看他们所喜爱的动画人物是如何动起来的。华特·迪士尼认为制片厂并没有能力在维持正常运作的同时向影迷提供招待和服务，因此他开始构想在伯班克片场附近建造一座设施供游客造访。

据说，建造迪士尼乐园的想法是华特·迪士尼与家人在公园里欢度美好时光的时候萌生的。他看着女儿们搭乘旋转木马高兴的样子，突然意识到自己在陪女儿们玩过的游乐园中存在一些共同的问题：设施陈旧、管理混乱、工作人员服务态度恶劣，没有能让孩子和父母一同参与的项目。他决定在自己的游乐园里解决这些问题，让大人和小孩都能在他的游乐园里快乐地游玩。这也是华特·迪士尼在迪士尼公司其他产品里所一直坚持提供的——家庭共享的欢乐。

华特·迪士尼最初的构想是将游乐园命名为"米老鼠公园"。在 1948 年 8 月 11 日的备忘录中，他这样写道："围着公园建造一个大村落，村落中有火车站、凳子、乐队表演室、饮水泉，树木花草公园中都有合适的场地安排，还有供休息的地方，这给带孩子来的母亲、祖母提供了方便。村子两端各为火车站和市政厅。市政厅可作为行政大楼，要像个市政厅的样子。小一点但很逼真的消防队就在市政厅旁边。还有警察局，解决纠纷、寻找失物和走失的小孩等，像普通的警察局一样发挥功能。关着几个人的牢房可供孩子们参观。"[①] 不难看出，最初的"米老鼠公园"就是一个迷你版的美国小镇。

1952 年，迪士尼乐园的设想基本成熟：一个以美和奇观为特征的博物馆，集博览会、游乐场、社区中心、集市于一体。华特·迪士尼希望能让人们在迪士尼乐园找到快乐和获得知识。为了更好地完成乐园的规划，华特·迪士尼在建设加利福尼亚州（简称加州）迪士尼乐园时成立了以自己名字的缩写命名的 WED 企业（后来成为迪士尼乐园的幻想工程部门），负责迪士尼乐园的整体性设计和开发。有趣的主题是主题乐园的灵魂。华特·迪士尼将迪士尼乐园建成一个观众能够亲自走进去的动画世界，不仅有走下屏幕的米老鼠和唐老鸭，而且有根据公司其他电影设计的游乐项目，如根据《木偶奇遇记》制作的茶杯旋转游戏。加州迪士尼乐园从建筑、景

[①] 《娱乐大王迪斯尼》，豆丁网，http://www.docin.com/p-348257404.html。

观、装饰到演艺活动、娱乐设施，都是为了表现特定的主题而服务；不同主题也在内容上互有联系，和谐地构成一个整体。无论是华特·迪士尼领导下的 WED 企业还是后来的幻想工程部门，始终以"满足人们的需求"为最高宗旨，强调为游客提供最棒的体验。从树的位置到垃圾桶的形状，华特·迪士尼对每个细节都要求完美。

在着手设计乐园的同时，华特·迪士尼也看到了越来越普及的电视行业的发展前景，认为这对于迪士尼公司和未来的乐园都能起到良好的推广作用。在迪士尼乐园的筹资阶段，迪士尼公司与美国广播公司（ABC）达成协议，每天为 ABC 提供一小时的节目，以换取 ABC 公司对迪士尼乐园的投资。1954 年 10 月，电视节目《迪士尼乐园》开播，专门播放迪士尼的动画作品，其中也有一部分介绍迪士尼乐园的建造情况。华特·迪士尼巧妙地令电视节目的每个部分都与公园中的主题园区相吻合，包括荒野地带、明日世界、冒险乐园、梦幻乐园等，在获得资金的同时也为迪士尼乐园做好了早期宣传。1955 年 7 月，加州迪士尼乐园正式开业的时候，ABC 的特别节目也播放了开园典礼的实况。

加州迪士尼乐园的开园开创了主题乐园行业的新纪元，也让迪士尼真正成为一个"娱乐王国"。1955 年 9 月初，就有 100 万名游客游览了加州迪士尼乐园。在 1965 年第二座迪士尼乐园动工之前，加州迪士尼乐园已经成为迪士尼公司的主要盈利项目。迪士尼乐园朝着华特·迪士尼所设想的方向稳步发展，并逐渐向全世界扩展，通过"造梦"技术征服了全世界的观众。

（二）乐园的扩展

加州迪士尼乐园大获成功之后，华特·迪士尼又投入新的迪士尼乐园项目建设之中。第二座迪士尼乐园选址于美国佛罗里达州的奥兰多，瞄准了东部的巨大市场。尽管华特·迪士尼在 1966 年底因病去世，但项目仍按照华特·迪士尼确定的方向顺利进行。1971

年，奥兰多迪士尼世界（乐园）正式开放，华特·迪士尼设想中的未来之城成为现实。

在完全占领了美国市场之后，迪士尼公司将视线投向了海外。1983年，东京迪士尼乐园开业；1992年，欧洲迪士尼乐园开业（后更名为巴黎迪士尼乐园）；2005年，香港迪士尼乐园开业。2016年6月16日，上海迪士尼乐园正式开业，这是世界上第12个大型迪士尼主题乐园。目前，全世界的迪士尼乐园分布在六片迪士尼度假区中，分别是迪士尼乐园度假区（美国加州）、华特·迪士尼世界度假区（美国佛罗里达州）、东京迪士尼乐园度假区、巴黎迪士尼乐园度假区、香港迪士尼乐园度假区、上海迪士尼乐园度假区。每座度假区以一个至多个乐园为核心，有购物、饮食、娱乐、运动和度假等配套设施。

在2017财年第四季度财报中，迪士尼公司该财季总营业收入为127.79亿美元，其中主题乐园及度假区收入为其第二大收入贡献方，营业收入为46.67亿美元。主题乐园与度假区在2017财年总共收入184.15亿美元，全年运营利润为37.74亿美元，相比2016年同期的32.98亿美元增长达14.4%，是迪士尼公司四大核心业务中唯一保持增长的项目。

二 让游乐设施讲故事

迪士尼乐园的建设以迪士尼动画或真人电影为主要元素，让人们进入迪士尼乐园就如同进入童话世界。每当迪士尼公司推出一部成功的大片时，迪士尼乐园里就会出现相应的游乐设施。传统游乐场所拥有的过山车、摩天轮、观览车、漂流船等项目在迪士尼乐园中改头换面，加上了或动人或惊险的故事。

迪士尼乐园里的故事也在不断地更新。华特·迪士尼的顾问巴兹曾回忆道："华特说他的这个公园将是一个不断发展的工程。与现存的此类企业截然不同，这个工程永远不会有完全竣工的那一天。这种不断再投资的想法是个全新的概念。华特认识到了观众的变化无常,看到了要不断给他们全新体验的挑战。"[1] 设施和故事不断更新,乐园和其他文化产品相得益彰,是迪士尼公司长青不老的秘诀。

案例1　加勒比海盗:乐园与电影的互动

2017年3月18日,迪士尼乐园为已经正式启用50周年的娱乐项目"加勒比海盗"举行了特别庆祝活动。"加勒比海盗"由华特·迪士尼亲自设计建造,一直是迪士尼乐园中的热门项目之一。伴随着"哟呵!我的海盗生涯"的音乐,游客可以乘坐小船,通过约15分钟的游览感受欢乐而惊险的海盗生活。2003年以来,由于《加勒比海盗》系列电影的成功,该项目焕发出新的活力,受欢迎程度又上一个台阶。

20世纪90年代初,剧作家特里·鲁西奥和泰德·艾略特产生了根据"加勒比海盗"撰写一部电影剧本的构想。创意产生之后过了近10年,才在2002年受到迪士尼公司的认可并最终投入拍摄。电影《加勒比海盗》参考了游乐项目的大部分场景,虽然实际剧本与游乐项目中所讲述的故事并不相同,但编剧在创作过程中仍着力捕捉了当初游玩时为自己带来的既惊奇又有趣的氛围。不同于传统的海盗题材电影对暴力、血腥场面的强调,电影参考"加勒比海盗"项目的格调,加入了大量来自超自然元素和奇幻风格的事物,如美人鱼、不老泉、巨型海怪等。

在游乐项目启发了电影创作的同时,由于电影的巨大成功,迪士尼乐园内的"加勒比海盗"项目也与时俱进,加入了电影中的角色及主题物件。以最新建设的上海迪士尼乐园为

---

[1] 转引自〔美〕马蒂·斯克拉:《造梦者:迪士尼如何点亮神奇的创意》,冷迪译,浙江人民出版社,2016,第34页。

例，游乐项目"加勒比海盗——沉落宝藏之战"就设在宝藏湾主题园区。在这个项目的设定中，游客们会变成海盗加入杰克船长的冒险队，最终目的是要去探寻戴维·琼斯船长藏在深海的宝藏。项目运用了三块巨型多媒体穹顶、投影设施以及复杂的光影和声音系统、机器人模拟技术来还原海战的情景，乘客所坐的海盗船则能够旋转、移动并敏捷地根据船体位置触发动作与相应场景音效。游客坐在船上，观赏两边加勒比海盗电影中的模拟场景，仿佛进入电影的情节之中。在宝藏湾主题园区内的"巴波萨烧烤"餐厅，游客们甚至可以体验"海盗"厨师的美味烧烤。

三　乐园到度假区

在加州迪士尼乐园建成之后，其他商人看到迪士尼乐园的巨大人流，把周边的地产买下来经营各种生意。迪士尼乐园每赚到 1 美元，周边的旅游商店、餐饮饭店或者小旅馆就能因此赚到 2 美元。但是，其破旧的店面和缺乏统一设计的招牌，大大破坏了迪士尼乐园想要带领游客进入梦幻世界的理念。

对此，华特·迪士尼认为在未来迪士尼乐园的建设中，必须有效控制比迪士尼乐园本身范围更广大的区域，规范乐园周边相关产业的经营，为游客提供稳定的高质量服务，也为公司把迪士尼乐园的溢出效应所带来的收入牢牢掌握在自己手上。随后建成的华特·迪士尼公园度假区面积很大，约为 111 平方公里，已经相当于一座小型城市。此后无论在巴黎、东京还是中国香港、上海，迪士尼公司所修建的都不仅是一座乐园，而是一整片连同度假酒店、餐饮中心、购物商场、运动场等其他设施在内的度假区，为游客提供餐饮、住宿、购物、娱乐等全方位的完整体验。

案例2　上海迪士尼公园度假区

仔细审视上海迪士尼公园度假区的网站，可以发现上海迪士尼公园度假区除了主题乐园——上海迪士尼乐园之外，还包括一个迪士尼小镇和两座主题酒店，可以满足游客旅游出行中的大部分需求。

迪士尼小镇是一个集购物、娱乐、餐饮于一身的综合商业区。在这片仿照美国铁路小镇修建而成的区域中，小镇内的商铺不仅提供商品和服务，同时也组成了小镇景点的一部分。其中，迪士尼相关商铺有：迪士尼世界（乐园）商店，销售独家打造的限量版迪士尼商品；华特·迪士尼大剧院。除了迪士尼公司自有商铺之外，迪士尼小镇同样有其他广受欢迎的品牌店进驻，从全球最大的乐高玩具旗舰店，到星巴克咖啡等饮食连锁，为游客提供全面的服务。

玩具总动员酒店是其中一座主题酒店，酒店处处布满了玩具总动员故事里的有趣细节。迈入酒店之前，游客已经能看到装饰有安迪房间墙纸图案的酒店外墙和形似超大号礼物包装盒的入口处。酒店中除了有动画中人物形象或者塑像的简单陈设之外，更可贵的是将影片中所体现的童心融入了每一个设计细节中，如由积木堆砌而成的廊柱，设计成棋盘样式的地板，显示在涂写板上的信息，都极大地丰富了游客的体验。考虑到住宿的客人以家庭为主，酒店还特别加强了亲子服务，最大限度地满足其需求。此外，酒店还与度假区的其他部分有着良好的互动，如设有供家庭客人回酒店午休的接驳车辆、住客优先的迪士尼乐园快速通行证等。

四　与时俱进的形象更迭

2000年，迪士尼公司注册了"迪士尼公主"系列商标，从

1937年的《白雪公主和七个小矮人》中的白雪公主到2012年的《勇敢传说》中的梅莉达公主，跨度很大。11位女性，同样是"公主"，却有着截然不同的定位和形象塑造，反映了迪士尼公司紧跟社会主流价值观、不断维护自身文化价值的创作思路。

另外，尽管由于拥有自己的独立商标而并未正式纳入"迪士尼公主"系列，在《冰雪奇缘》中出场的两位公主爱莎和安娜仍被大众视为这一系列的最新成员，故在此加入分析。

（一）早期公主：完美的家庭女性

1937年《白雪公主和七个小矮人》上映时，正值罗斯福新政时期，美国逐步走出经济大萧条的阴影。每天早上七个小矮人出门努力工作，就像美国的工人阶层一样，而白雪公主就待在家中打扫做饭，符合最受当时主流社会认可的对家庭主妇的要求。和谐稳定的家庭生活隐喻，以及白雪公主与后母进行斗争并最终收获幸福婚姻的浪漫故事，与社会各阶层对美好生活的期待相符合。1950年《灰姑娘》同样选取家喻户晓的浪漫故事，配合华丽的动画与音乐制作，与《白雪公主和七个小矮人》的创作思路基本相似。灰姑娘的故事迎合了二战后人们抚慰内心创伤的需要，因此同样获得了极大的成功。但1959年延续上述两部创作思路的《睡美人》就没有这么幸运了。事实证明，这部电影成为迪士尼公司的滑铁卢，评论认为这不过是迪士尼公司的一次自我重复。二战时期，由于大量男性上了战场，劳动力的缺乏使得妇女从家庭走向工作成为必然。职业妇女的大量出现，使得单纯歌颂传统爱情与家庭价值观的公主叙事已经落后于时代，等待王子拯救的公主成为女性解放运动攻击的靶子。此后30年，迪士尼公司未再推出公主题材的动画长片。

（二）独立自主的人物形象与多元文化背景

1989～1998年，迪士尼公司一共推出了5部后来被列入迪士尼公主系列的电影：《小美人鱼》《美女与野兽》《阿拉丁》《风中奇缘》《花木兰》。带动迪士尼公司动画片复兴的《小美人鱼》在沿袭迪士尼公司传统强项的同时，在公主形象的塑造上顺应时代进行了更新。人鱼公主爱丽儿厌倦了平凡的生活，对外部世界充满了好奇心，主动追求自己想要的生活和爱情，因此，她是一个具有现代女性意识的叛逆少女。在《美女与野兽》中，贝儿公主不仅拥有勇敢的性格，还有聪明和爱读书的特点，是当代社会中独立自强的工作女性形象的投射。

值得注意的是，这一时期王子的戏份也逐渐变多，观众已经不再满足于王子仅仅作为公主的恋爱对象和最终归宿出现。在《美女与野兽》中，王子亚当因为冷漠骄傲而被变为野兽，在故事发展中最终学会了爱，完成了自己的成长。与之前符号化的王子相比，可以说有了突破性的发展。

《阿拉丁》《风中奇缘》《花木兰》跳出了西方传统童话故事的范畴，借由取材的世界性，使得公主形象异域化、新奇化，令迪士尼公司动画电影的主要消费群体感觉耳目一新。在广泛吸收了世界各国文化资源的基础上，迪士尼公司讲述的仍是西方价值观的故事，在符合主流观众诉求之余，也引发了文化全球化对本土文化的改写和扭曲等负面效应的讨论。

（三）公主题材的解构

2009年，正值首位非裔美国总统奥巴马在任之时，迪士尼公司也紧跟社会热点，在《公主与青蛙》一片中推出了首位非裔美国人公主蒂安娜。片中，迪士尼公司通过对格林童话中著名故事《青蛙王子》的解构，讲述了一个反传统童话的故事。与其他发生在童话世界或者异域的故事相比，《公主与青蛙》有着一个比较现实的背景——1912年的新奥尔良，而蒂安娜也有一个比较现实的梦想：存钱买地，拥有自己的餐厅。尽管故事中仍有神奇的动物和魔法，但这一变化仍反映了迪士尼公司的公主故事越来越向现实靠拢的趋势。

2013年的《冰雪奇缘》同样是对经典安徒生童话故事《冰雪

女王》的一次解构。在《冰雪奇缘的幕后故事：制作迪士尼动画经典》中，迪士尼公司首席创意官约翰·拉塞特谈论了故事创意的来源。在最早的剧本中，冰雪女王被设定为反派，这与原本的安徒生童话故事是一致的。但拉塞特意识到，和自己患有青少年糖尿病的儿子一样，冰雪女王的力量是天生的，生来如此不应该构成她被写为反派的理由。考虑到这一点，拉塞特改变了《冰雪奇缘》的剧本架构，将冰雪女王改写为不知道应该如何面对天生魔力的公主爱莎以唤起观众的同理心。很难想象，公主故事的创意来源于一个小男孩。《冰雪奇缘》讨论的是男女共有的自我认知问题，公主故事由女性题材进一步发展为泛性别作品。这一趋势从迪士尼发布的新时代公主准则中也能看出来。"关心他人、健康生活、不以貌取人、诚实、值得信赖、相信自己、是非分明、竭尽所能、待人忠诚、永不言弃"，这10条均是现代社会所认可的男女共有的优秀品质。

在迪士尼公司2016年上映的《海洋奇缘》中，女主角莫阿娜说："我不是公主，我是酋长的女儿。"公主不再是某个特殊的身份，如片中男主角对此所回答的："只要你穿着裙子，带着神奇的小动物，你就是公主。"迪士尼公主电影发展至此，终于完成了对从华特·迪士尼时代建立起来的公主形象的解构，而这一过程与社会思想的发展始终紧密同步，使得迪士尼公主在不同的时代始终能紧紧抓住观众的心。

第三节 核心价值：原创和版权

尽管业务范围广泛，但迪士尼公司的管理层始终认为，动画与人物形象的版权是公司的核心价值所在。曾任华特·迪士尼工作室主席的杰弗里·卡森伯格在1986年曾说过，对于迪士尼公司而言，事实上动画片的价值已经超越了影片的利润。"我们创造新的人物角色，这些人物角色将继续生活在我们的主题乐园里和我们所销售的产品中，因而拥有长久的生命力。"①

一 特许权到多元化经营

（一）特许经营

特许经营（Franchising）是由企业（特许人）通过合约准许另一企业（被特许人）使用特许人的注册商标、经营管理制度和推销方式等从事经营活动，或直接销售特许人的产品或服务的行为。特许经营与许可证经营类似，但特许经营的被特许人必须严格按照特许人的经营规则和管理模式等进行运营。②

早在1929年，迪士尼公司的动画明星米老鼠刚刚问世后不久，便有商人来找华特·迪士尼，提出以300美元的授权费允许他将米老鼠的形象印在儿童书写板上。迪士尼公司自此发现了票房收入之外的巨大商机。1930年2月3日，迪士尼公司签署了首份正式合约，授权纽约包菲德公司"制造及出售有米妮和米奇画像的器物"③。随着授权产品越来越多，华特·迪士尼发现其中一些商品质量低劣，会对米老鼠和公司的形象产生不良的影响；而且市场上也出现了大量的盗版米老鼠商品。1932年，迪士尼公司聘请了市场经验丰富的凯·卡门来专门处理迪士尼公司的授权问题。卡门接手业务之后，为迪士尼公司制定了娱乐产业人物授权的标准，并为迪士尼公司建设成为世界上规模最大的特许经营机构打下了基础。

米老鼠手表是历史上最为成功的米老鼠授权产品之一。1933年，卡门授权濒临破产的钟表制造商英格索尔-沃特伯里公司生产"米老鼠手表"。英格索尔-沃特伯里公司将米老鼠的身体印在表盘

---

① 〔美〕布莱恩·J. 罗伯：《迪士尼简史》，王录、樊小琴译，上海财经大学出版社，2016，第195页。
② 朱文忠：《当代中国企业管理与金融创新理论热点透视》，兰州大学出版社，2005，第54页。
③ 〔美〕布莱恩·J. 罗伯：《迪士尼简史》，王录、樊小琴译，上海财经大学出版社，2016，第115页。

上，以两只手为表针，既滑稽又可爱，在1933年芝加哥世界博览会上一经推出即大受欢迎，年底之前就有90万块米老鼠手表销往全美，令英格索尔-沃特伯里公司起死回生。通过特许经营权的授予，迪士尼公司为其他公司生产的普通商品增加了文化价值，在为被特许人提升了商品利润的同时，也为自己解决了动画制作成本不断升高带来的利润不足问题，双方实现了合作共赢，而消费者也购买到了印有喜欢的动画人物的商品。

目前，迪士尼公司最受欢迎的特许经营品牌除了迪士尼公司自身的动画片如《冰雪奇缘》《玩具总动员》《狮子王》等中的人物形象之外，还包括通过收购获得的皮克斯系列、"漫威电影宇宙系列"、星球大战系列的人物形象等。市场调查机构博闻公司（License Global）公布的数据显示，迪士尼公司在2016年授权产品全球零售额达到566亿美元，是当今全球最大的特许经营授权厂商。

（二）全产业链覆盖

迪士尼公司除了最为人们所熟知的动画片和真人电影制作、主题乐园、特许经营授权等核心业务之外，同样涉足文化创意产业中的其他产业，包括电视节目制作、电视与广播网络运营、录像与音乐发行、音乐剧与戏剧演出、旅游度假服务、主题零售商店等。这些互相关联的产业使得迪士尼公司形成了完整的产业链，迪士尼公司不仅是文化创意产品的制作者，也是这些产品的发行者和销售者。

以2013年的《冰雪奇缘》为例，迪士尼公司至少实现了四轮收入：第一轮是影片的票房收入，解决成本回收问题；第二轮将人物形象引入在世界各地建立的迪士尼乐园，吸引大量游客进入乐园与两位公主合影，促进游客在乐园的消费，并在主题零售商店购买片中人物的玩偶、服装等相关产品；第三轮是品牌产品的授权经营，把片中的代表性角色印在包括食品、日用品在内的日常消费品上；第四轮包括影片拷贝与原声集的发行和销售、舞台剧巡演等。从内容制作到媒体发行，再到下游的服务体验和消费产品销售，迪士尼公司获得了一项文化资源在价值链不同环节形成的不同文化产品的利润。

在将文化资源转化为利润的同时，迪士尼公司也不断在不同的媒介上制造新的内容产品，以维持文化资源自身的价值。2013年9月，真人电视剧《童话镇》第四季加入了《冰雪奇缘》故事线，并在迪士尼公司旗下的ABC电视台播放。2014年9月，迪士尼公司授权菲尔德娱乐公司推出了《冰上迪士尼：冰雪奇缘》世界巡回演出。2015年3月，迪士尼公司制作的动画短片《冰雪奇缘：生日惊喜》在迪士尼真人电影《灰姑娘》的片头放映。2017年10月，迪士尼公司制作的动画短片《雪宝的冰雪大冒险》在迪士尼另一部动画长片《寻梦环游记》的开头放映。2018年2月，加入了全新创作的12首歌曲的《冰雪奇缘：百老汇音乐剧版》正式在纽约百老汇推出。考虑到音乐剧比动画电影的消费群体年龄层更高，在电影的基础上对剧本进行了大量修改，深化人物描写，以适应目标观众的口味。此前，一个适应儿童的精简版已经在迪士尼乐园内的小剧场进行了多轮演出。动画电影的续集《冰雪奇缘2》也于2019年上映。

（三）重视版权保护

特许权经营和全产业链都是建立在迪士尼公司对版权保护的重视之上。米老鼠并不是迪士尼公司最早受到欢迎的动画人物。在迪士尼公司创业的早期，1927年推出的奥斯瓦尔德幸运兔最早为公司吸引了观众。但是由于拥有版权的并不是迪士尼公司而是发行商，这一系列的创作在次年就转往了其他公司；同时离开的还有迪士尼公司自己培养出来的动画制作组。这次失败使华特·迪士尼认识到，无论如何都必须将人物和影片的所有权留在自己手中。有了奥斯瓦尔德幸运兔的教训，紧紧围绕版权人物展开经营的迪士尼公司非常注重知识产权的保护。

米老鼠形象于1928年问世后，依据美国当时的版权法，可享受56年的版权保护。1976年版权法修改之后，保护期限增加至75年，米老鼠的版权因而延至2003年12月31日。随着米老鼠版权期限的再次临近，为了阻止版权流失，迪士尼公司通过政治游说和资助国会议员竞选等方式，成功推动了1998年《松尼·波诺版权期限延长法案》的颁布。尽管该项法案引起了很大的争议，并上诉至美国联邦最高法院，但2003年美国联邦最高法院仍裁定该项修正案并未违宪。米老鼠版权保护再次延长至2023年，《松尼·波诺版权期限延长法案》也因此被反对者称为"米老鼠条款"。尽管迪士尼公司对版权保护的紧抓不放已经引起了一系列负面评价，但从维护公司核心价值的角度来看，迪士尼公司对版权的态度仍然值得借鉴。

二 持续购入他人版权

2011年，迪士尼公司董事长兼首席执行官罗伯特·艾格公开承认，迪士尼公司的策略是购买新的人物角色或者一些能创造出新角色和故事的企业。[①] 在艾格的领导下，迪士尼公司于2006年收购了皮克斯动画工作室，2009年收购了漫威娱乐有限公司（以下简称漫威），2012年收购了卢卡斯影业。几次并购为迪士尼公司带来了大量人物和故事版权，极大地充实了迪士尼公司自己的内容，而在全产业链覆盖的情况下，迪士尼公司丰富的营销经验与完备的全球网络也将原有的文化资源开发出了更大的价值。

（一）皮克斯动画工作室

皮克斯动画工作室成立于1986年，前身是乔治·卢卡斯影业

---

① 〔美〕布莱恩·J.罗伯：《迪士尼简史》王录、樊小琴译，上海财经大学出版社，2016，第240页。

的电脑动画制作部门。20世纪90年代，迪士尼公司觉得传统手绘动画发展已经出现瓶颈，有意通过与其他公司的合作制作一批电脑动画长片。拥有顶尖电脑动画技术的皮克斯动画工作室正好符合迪士尼公司的要求。1991年5月，皮克斯动画工作室与迪士尼公司签署了制作三部动画长片的协议，皮克斯动画工作室负责内容制作，迪士尼公司负责影片发行，并拥有人物和故事的版权。1995年，双方合作的第一部动画长片《玩具总动员》获得了巨大的成功，带领动画长片制作进入了电脑动画的新时代，迪士尼公司也借此成功地应对了来自梦工厂等其他公司的挑战。

此后10年，迪士尼公司与皮克斯动画工作室合作发行了一系列高质量的电脑动画长片。2004年，由于在版权和利润分配上出现了争议，两方合作濒临破裂。这一时期正好是迪士尼公司动画制作又一次陷入低谷而皮克斯动画工作室如日中天的时候，迪士尼公司急需皮克斯动画工作室的电脑动画制作能力与未来的版权内容。为了维持竞争力，2006年迪士尼公司以74亿美元的高价收购了皮克斯动画工作室，最终解决了这一问题。截至2018年，皮克斯动画工作室发行的20部动画长片，每一部都曾获得过世界电影票房收入的前50名。

（二）漫威娱乐有限公司

漫威是美国最老牌的漫画公司之一，每个月大约发行60种期刊，每年发行100~300套漫画小说。长期的积累使它拥有5000多个口碑甚佳的漫画人物形象。2009年，迪士尼公司以40亿美元收购漫威时，漫威已经将旗下最有名的漫画人物授权给其他电影公司拍摄了《蜘蛛侠》《绿巨人》《X战警》等系列真人电影。尽管有人嘲讽迪士尼公司花大价钱却只能买到漫威旗下的二、三线人物，迪士尼公司仍相信素质过硬的电影能够经营出新的英雄。

2008年，漫威的子公司漫威工作室首次自行拍摄了《钢铁侠》，反响不错。有了迪士尼公司的财力作为后盾，漫威工作室启动了"漫威电影宇宙系列",将旗下各大英雄人物的故事串联在一起,最终汇集在2012年首部跨界电影《复仇者联盟》中。迪士尼公司也是从这部电影开始接手后续"漫威电影宇宙系列"的发行工作。该系列至今在全球已经积累了超过164亿美元的票房成绩,成为有史以来票房收入最高的系列电影。截至2018年,在史上全球票房收入最高的10部电影中,该系列占了4部。从2013年起,在迪士尼公司的支持下,漫威逐渐开始收回散落各处的人物版权,以进一步扩展现有的"漫威电影宇宙系列"。

除了票房收入之外,漫威所有的漫画人物版权也大大丰富了迪士尼公司的内容资源。考虑到迪士尼公司原有的版权资源以家庭影片为主,漫威的漫画英雄无疑与之形成了良性互补,为迪士尼公司吸引了全新的客户群体,带动了其他部门营业收入的增长。以迪士尼乐园为例,收购了漫威之后,各种漫威漫画中的角色开始出现在迪士尼乐园中,迪士尼公司也专门为他们设计了全新的娱乐项目"漫威英雄总部"。

(三)卢卡斯影业

继2006年并购动画电影巨头皮克斯动画工作室、2009年收购漫威之后,2012年迪士尼公司又以约40亿美元的大手笔收购了由乔治·卢卡斯占全部股权的卢卡斯影业。迪士尼公司的这次收购也包括了卢卡斯影业下的子公司,业界著名的工业光魔公司和天行者混音室都在其中。

工业光魔公司是著名的电影特效制作公司,自创建以来共参加了超过300多部电影的特效制作,从第一部电影《星球大战》开始到后来的《侏罗纪公园》《变形金刚》《复仇者联盟》等,很多电影大片的特效制作几乎都能看见工业光魔公司的身影。皮克斯动画工作室的前身就是工业光魔公司的动画部。

(四)21世纪福克斯公司

迪士尼公司最新的目标是同为好莱坞六大电影公司之一的21

世纪福克斯公司。2017年12月，迪士尼公司提出有意收购21世纪福克斯公司；截至2018年8月，谈判终于尘埃落定。通过收购21世纪福克斯公司，迪士尼公司除了可以替漫威收回早年卖出的改编权之外，还获得了大量经典影视版权内容，包括《辛普森一家》《异形》《猩球崛起》《阿凡达》《王牌特工》等。以《阿凡达》为例，2011年迪士尼公司已经取得"阿凡达"主题乐园授权，而"潘多拉星球"主题乐园也已经于2017年5月在美国奥兰多迪士尼世界（乐园）的动物王国内开张。

更重要的一个方面是，迪士尼公司通过此次并购得到了新兴付费在线视频网站hulu30%的股权，成为该公司的最大股东。随着互联网的飞速发展，人们在流媒体平台的消费时长逐渐增加，奈飞（Netflix）、亚马逊等互联网流媒体网站也开始涉足原创影视内容的制作，这对迪士尼公司的传统收入来源，特别是有线电视订阅形成了巨大的冲击。尽管在2017年全球票房排名前10的电影中迪士尼公司占了一半，但2017财年迪士尼公司的影视收入不升反降，发展陷入瓶颈。面对数字媒体时代新贵们的挑战，迪士尼公司决定发展自己的流媒体服务。2018年3月，迪士尼公司成立了新的流媒体业务部门。此次迪士尼公司在交易公告中也特别提及对hulu的未来规划，表明其已经做好了自己掌控流媒体发行渠道的准备。

第四节 不同时代人的童年

童话故事承载着亲子间情感交流的作用，随着现代人日常生活压力的增加，成年人也在童话故事中寻找永久怀念的"永无乡"。迪士尼公司通过全产业链的整合，用童话故事连接起不同时代人的童年，给整个家庭带来无尽的欢乐和美好的回忆。

一 童年与童话

日本童话学家芦谷重常认为:"童话是与人说话的本能相应的,人从能言语的时候起就有了童话,也就是说,在文字产生之前,童话就有了。"[①] 正如普林斯顿大学历史学家达恩顿提出的,童话是一种"历史文献",它记载了人类经验的基本要素,是人类集体无意识和集体想法的表达。

（一）童话的内涵

《现代汉语词典》将"童话"解释为"儿童文学的一种体裁,通过丰富的想象、幻想和夸张来编写的适合于儿童欣赏的故事"[②]。在《辞海》中则是"儿童文学的一种。浅显生动,富于幻想和夸张,多作拟人化描写,以适合儿童心理的方式反映自然和人生,达到教育的目的"[③]。相关学者认为汉语里的"童话"一词来源于日语。按照《三省堂新现代国语辞典》,日语中与"童话"一词对应的字面意思为"儿童听得懂的语言"[④]。在《牛津高阶英汉双解词典》中,与"童话"一词对应的是"fairy tale",可理解为为儿童讲述的有关精灵、魔法的故事。[⑤]

明确"儿童"的年龄范围有益于我们更准确地理解童话的定义。"儿童"的年龄范围界定在各地存在差异。1989 年 11 月 20 日第 44 届联合国大会颁布的《儿童权利公约》(Convention on the Rights of the Child)第一条中规定:"儿童系指 18 岁以下的任何人,

---

[①] 转引自李利芳:《论童话的本质及其当代意义》,《兰州大学学报》(社科版) 2003 年第 2 期。

[②] 《现代汉语词典》,商务印书馆,2012。

[③] 《辞海》在线查询系统,https://cihai.supfree.net/two.asp?id=253096。

[④] 许思悦、陈芮建:《误读与错位:"童话"概念刍议》,《上海师范大学学报》(哲学社会科学版) 2017 年第 5 期。

[⑤] fairy 指具有魔力,像小人般的某种生物,如小精灵、小仙子,《牛津高阶英汉双解词典》在线查询系统,https://www.oxfordlearnersdictionaries.com/definition/english/fairy?q=fairy。

除非对其适用之法律规定成年年龄低于 18 岁。"① 在中国，对"儿童"的年龄范围没有明确界定。《现代汉语词典》中将"儿童"定义为"较幼小的未成年人"②，本书参考中国少先队的队员年龄规定，即 14 岁以下的均为儿童。总的来说，童话是为心智、身体尚未完全发育成熟的儿童讲述故事的体裁，其故事具有主题单纯、形象鲜明的特点。

（二）童话的历史

童话最早依靠口口相传的方式存在。随着文字的出现，童话故事在传承形式上发生了变化，开始由作家搜集、编撰成书。这时期的童话书籍往往没有明确的作者，是某一地域民众集体创作的产物，既是对区域文化的传承，也是本土文化资源的体现。如现存的 1697 年法国贝洛收集编撰的《鹅妈妈的故事》。工业革命后，随着市场需求的增长，出现职业作家将以童话为代表的本土文化资源进行再创作转化成文化产品，依托不同的传播渠道和媒介进入市场，使其以商品的形式被大众消费。如德国格林兄弟改编的《格林童话》，以及丹麦安徒生创作的《安徒生童话》。

工业革命改变了人们的日常生活，也改变了人们的思想观念，人类突然发现了自己"丢失"的童年。尼尔·波兹曼在《童年的消逝》一书里指出，"童年"的概念直至 19 世纪才被人们意识到。③ 在工业化和城市化进程中，中产阶级兴起，家庭成为社会基本单位。之前一直被当作小大人的儿童在这个时期受到了前所未有的特殊待遇。中产阶级家庭开始投资儿童教育，重视儿童的阅读。于是，一个稳定而又广泛的读者群开始寻找适合自己孩子的读物。它们依据成人的思维，设想儿童应该有的幻想和好奇，设计儿童应

---

① 许思悦、陈芮建：《误读与错位："童话"概念刍议》，《上海师范大学学报》（哲学社会科学版）2017 年第 5 期。
② 《现代汉语词典》，商务印书馆，2012。
③ 〔美〕尼尔·波兹曼：《童年的消逝》，吴燕莛译，广西师范大学出版社，2011，第 7 页。

该学习的规范和知识。

1812年，德国格林兄弟收集编撰的《格林童话》出版。《格林童话》一开始并非专为儿童所写，它的全称是"儿童与家庭故事"，儿童只是其中的一部分。第一版之后又经过多次补充、整理，并修改了不适合儿童阅读的部分。这些充满奇特幻想的童话故事满足了中产阶级寻找适合孩子的读物的要求。最终，经过不断改版的《格林童话》进入中产阶级家庭，成为儿童的启蒙读物。

"世界儿童文学的太阳"安徒生同样基于本土的文化资源进行创作。如《安徒生童话》中广为流传的一篇《海的女儿》，来源于北欧的人鱼传说，在此基础上作者又将小美人鱼与王子之间的爱情比拟成基督与人之间关系的象征，赋予其独特而深刻的内涵。作为世界级的童话大师，安徒生毕生写了212篇童话，开启了童话文学的全新时代。这些被译成100多种文字的作品，传遍了世界的各个角落。

当人们认识到童话对儿童具有特殊的意义时，当父母在床前向孩子讲述一个个精彩绝伦的睡前故事时，童话就承载了人类对下一代的深情关爱和成长期待。《爱丽丝梦游仙境》的作者刘易斯·卡罗尔把童话称为"爱的礼物"，包括对人类的爱，对大自然的爱，由童心引发的爱，人间的亲情之爱，爱与美丑的对立和转换，爱的奇迹等。无形中，父母将童话故事中所包含的善良、诚实、友善、真诚等理念传递给年幼的孩子，使之根植于一代又一代人的心中。不仅儿童能够得到快乐，父母也能从中回想起自己年幼时的美好时光。

二 西方文化对童年的思考

童话所涉及的不仅是儿童。德国浪漫主义哲学家赫尔德曾说过："真正的童话不仅使我们摆脱时间和地点，而且使我们从死亡中解脱出来，我们通过童话到达人类向往的精神王国。"[①] 童话的创

---

① 转引自李利芳：《论童话的本质及其当代意义》，《兰州大学学报》（社科版）2003年第2期。

作者是成年人，反映了成年人对童年的思考及对成长的认识。成年人同样也可以成为童话的受众，在阅读童话的过程中感受童话故事的纯粹与美，找回儿童所反映的人类本真的精神状态。

（一）儿童与自然

浪漫主义诗人最早意识到人类正在工业革命的迷途中行走，"还家"是浪漫主义诗人与诗学的目的。华兹华斯的自然观是其中的典型代表，认为以儿童未受世俗污染，如大自然般的纯朴为中介环节，人类实现自我精神的重返家园。在浪漫主义诗人华兹华斯看来，自然观是人性、理性和神性的三位一体，以神性为依托，以人性为归依，是对18世纪理性主义的超越。在他看来，由于儿童和生活于乡村、过着简朴生活的人们（文化意义上的原始人）身上还具有灵性，因此成为成年人——人类（the Man）返回自然的中介。在乡村生活的人们生活于自然之中，他们与大自然的交往是面对面的、直接的、不需要任何的中介，他们与大自然因而表现了"我—你"的关系。他们的生活虽然简单，甚至也有苦难，但在他们的身上保存着完美的人性；与人类文明的堕落相比，他们宁愿选择苦难，因为苦难是人存在的必然过程。因此，华兹华斯认为儿童是成人（人类）的父亲。他认为，人在出生之前就有灵魂存在，那是一种至圣完美的"前存在"，那里才是人类永恒的家园。[1]

（二）野孩子哈克贝利·芬

儿童文学作品《哈克贝利·芬历险记》出版于1884年，是美国作家马克·吐温的代表作之一。小说讲述了13岁的白人少年哈克贝利为了摆脱成人社会循规蹈矩的生活，选择离家流浪，路上遇到逃亡黑奴吉姆，二人为寻找自由这个共同的目标走到一起，沿着密西西比河沿岸展开的三次冒险旅程。

---

[1] 苏文菁：《华兹华斯诗学》，社会科学文献出版社，2000，第2页。

哈克天真纯朴、崇尚自由，是个不遵循成人社会常理的"野孩子"。他不愿过"文明人"循规蹈矩的生活，总想摆脱文明社会的束缚、逃离成人社会的繁文缛节，因此他坚定不移地选择四处流浪的自由生活。少年哈克代表了美国人对自由精神的追求。正如英国诗人T. S. 艾略特对哈克的评价："谁能比奥德修斯更像希腊人？比浮士德更像德国人？比堂吉诃德更像西班牙人，比哈克贝利·芬更像美国人？"[1] 虽说哈克尚不能明确地厘清自己的思想，无法对蓄奴制度进行深刻的批判，但通过与黑奴吉姆的交往，他认识到了黑人身上同样具有可贵的品质，与吉姆结下了深厚的友谊，并出于天性中的人道主义精神协助黑奴吉姆逃亡。作者带领读者从善良纯真的少年儿童的角度看待世界，凸显了当时成人社会价值观的虚伪和不合理。

（三）永远长不大的彼得·潘

彼得·潘（Peter Pan）是英国作家詹姆斯·马修·巴里1904年剧作《彼得·潘》中的主角，是"不愿意长大的男孩"的典型代表。彼得·潘是遗失男孩（Lost Boys）的首领，生活在一个远离英国本土的海岛永无乡上，永远保持12岁的少年模样。在永无乡还生活着小仙子、海盗、人鱼及美国当地居民，偶尔也会遇到人类世界的普通小孩。永无乡有儿童幻想中的一切，猛兽、海盗以及一系列的冒险活动。永无乡的孩子们脱离了成人，无拘无束，自由自在。彼得·潘永不长大，也永不回家，他在外面飞来飞去，把一代又一代的孩子带离家庭，让他们到永无乡去享受自由自在的童年欢乐。作品的最后一句是这样写的："只要孩子们是欢乐的、天真的、无忧无虑的，他们就可以飞向永无乡（岛）。"[2]

现在大众认知中的彼得·潘深受迪士尼公司1953年动画长片

---

[1] 周天楠：《马克·吐温在〈哈克贝利·芬历险记〉中的社会批判意识》，《赤峰学院学报》（汉文哲学社会科学版）2012年第1期，第2页。

[2] 转引自刘绪源：《美是不会欺骗人的》，青岛出版社，2017。

《小飞侠》的影响。与原作中略显自私、热爱享乐的形象相比，迪士尼公司的彼得·潘更突出其鬼灵精怪、勇敢仗义的一面，与20世纪50年代美国孩子的理想形象一致，是孩子们心目中的英雄。另外，彼得·潘作为永恒童年的象征，也反映了成年人暂时逃离现实的渴望和回到童年的内心诉求。1983年丹·凯利在其《彼得·潘综合征：那些长不大的男人》一书中首次提到"彼得·潘综合征"，来描述心理不成熟、拒绝长大的成年男性。

三　全家都能享受的童话故事

"华特，他明白纯真的童心决不会掺杂成人的世故，然而，每个成年人却保留了部分未泯灭的童心。对小孩来说，这个令人厌倦的世界还是崭新的，还是有许多美好的东西；华特努力把这些新鲜、美好的事物为已经厌倦了的成人保留了下来，这是全世界的一笔宝贵财富。"[①] 美国哥伦比亚广播公司《晚间新闻》的评论曾经这样评价华特·迪士尼的作品。从动画电影到乐园，无论使用什么媒介，迪士尼公司作品的目标都在于唤起儿童和成年人所共有的"孩子气的天真"，创造出家庭共享的欢乐。

（一）迪士尼的成人童话

《加勒比海盗》就是成人化之后的童话故事。该系列电影塑造了一个罗宾汉式的主人公杰克船长，他不畏权贵、追求自由，用一种全新的角度诠释了海盗传奇。杰克船长在成年人的外表下，住着儿童般无拘无束、自由自在的灵魂。在他的世界里，官方刻板的秩序被打破，种种等级被上下颠倒，平时高高在上的人物受到他的捉弄。杰克船长恣意妄为、自由自在的生活，表现出强烈的反权威、反传统倾向，这与西方文学中对儿童所特有的自由的精神世界与丰

[①] 王成军：《快乐管理：世界第一娱乐公司迪斯尼研究》，社会科学文献出版社，2013，第25页。

沛想象力的崇尚不谋而合。《加勒比海盗》系列电影捕捉了成人对童年时期无拘无束的想象和追求，是一个典型的成人童话。

（二）童话叙事中的成人元素

大多数童话故事具有主题单纯、形象鲜明的特点。考虑到童话电影的合家欢性质，迪士尼公司在传统童话故事中注入了能够吸引成人的元素，把主题和形象适当复杂化，以吸引陪伴子女共同观赏影片的成年人的兴趣。2015年上映的真人电影《灰姑娘》是迪士尼公司对"灰姑娘"故事的一次最新叙述。与其他的以颠覆传统故事为卖点的童话改编的真人电影相比，2015年版《灰姑娘》对故事原本的主线是基本沿袭的，因而较适合说明这一问题。从成年观众的角度看，王子和女主角辛德瑞拉光凭外表而一见钟情的剧情发展显得太过陈腐，缺乏说服力。因此，迪士尼公司在改编剧本的过程中着重加强了对灰姑娘的人物塑造。首先，将辛德瑞拉从一个普通的商贩之女提升为家境富裕因而受过良好教育的女性。其次，安排辛德瑞拉的母亲在去世前叮嘱她要做到勇敢和善良，辛德瑞拉在后续情节中的行为也因此更加主动。最后，安排了王子和辛德瑞拉在舞会上相遇的情节。有了这些情节的丰富和补充，既为初次观看这个故事的儿童保持了童话故事的原貌，也能让已经熟知故事的成年观众感受到其中的趣味。

第五章　文化创意产业集聚与地区发展

2004年，联合国教科文组织发起"全球创意城市网络"的建设，给创意城市网络确定的基本宗旨是在经济和技术全球化的时代语境下倡导和维护文化多样性。申请国家将本国具有代表性的城市在发展中的成功经验、创意理念和创新实践，向世界各国城市的管理者和市民开放，从而使全球的城市之间能够建立起学习和交流的关系，进而保护不同城市的文化特色、推进城市的协调发展。截至2019年，全球已经有180个城市进入该网络，这些城市来自72个不同的国家，涵盖手工艺与民间艺术、设计、电影、美食、文学、媒体艺术和音乐7个领域。我国的深圳、上海、成都、青岛、长沙、苏州等城市入选该网络（见表5-1）。

表 5-1　入选全球创意城市网络的中国城市

城市名称	称号	授予时间	备注
深圳	设计之都	2008年	第一个成为"全球创意城市网络"的中国城市
上海	设计之都	2010年	—
成都	美食之都	2010年	第一个获此称号的亚洲城市
杭州	手工艺与民间艺术之都	2012年	中国首个获此称号的城市
北京	设计之都	2012年	—
景德镇	手工艺与民间艺术之都	2014年	
苏州	手工艺与民间艺术之都	2014年	
顺德	美食之都	2014年	

续表

城市名称	称号	授予时间	备注
长沙	媒体艺术之都（音乐七个领域）	2017年	中国首个获此称号的城市
澳门	美食之都	2017年	—
青岛	电影之都	2017年	中国首个获此称号的城市
武汉	设计之都	2017年	—
扬州	设计之都	2019年	—
南京	设计之都	2019年	—

资料来源：联合国教科文组织：《创意城市｜创意城市网络》，https://zh.unesco.org/creative-cities/。

从中国入选的城市来看，既有北京、上海、深圳这样的一线城市，也有顺德、景德镇这种三四线城市。从中我们可以看到，发达地区既可以从时尚消费和高科技应用中激发创意，也可以从日常休闲娱乐的生活方式中挖掘和宣传创意；而所谓的不发达地区也可以因为原生态的文化或传统的手工技术而获得创意。从国家层面看，文化创意产业日益成为国家软实力的重要载体；从国家内部的地区发展看，文化创意产业更是不同区域差异性发展战略的核心。可见，基于文化、创意理念与创意实践的"创意城市网络"已经成为不同等级的城市与地区都能够积极采用的发展战略。从这个角度看，这正是像中国这种地域辽阔、区域之间差异显著，而且传统文化资源异常丰富的国家参与国际性竞争的重要机遇，更为有志于从事文化创意产业事业的青年人提供了巨大的实现个人壮志的新业态、新领域。

在"全球创意城市网络"的建设中，我们还可以看到文化创意产业发展的一个新趋势，那就是以城市为载体空间的"集聚"。我们看到，城市作为工业文明与商业文明的产物，集中了工业化以来的财富、人才与技术，相应地，也是文化创意理念与实践最为集中的区域。另外，大自然巧夺天工的造化与人类在更长的历史过程中生活与创造的遗迹，绝大多数散落在城市之外的乡间、崇山峻岭，甚至荒漠之中。这些遗产如何与当代社会产生关系、如何成为一代人与祖辈之间的共同文化认知？以城市为空间的多样性文化新形态的集聚进行了一个有意义的新实践。在工业发达国家，工业技术的迭代、城市空间的更新都使得这种多样性文化创意产业的集聚成为可能与必需。在非西方国家，对城市的更新也迫在眉睫，需要以本民族的文化资源为创意的核心。本书认为，近年来，中国政府所倡导的"特色小镇"建设是文化创意产业集聚在中国最有意义的实践。

第一节 文化创意产业集聚的理论与实践

从逾10年的"全球创意城市网络"的建设实践看，有三个概念可以成为我们理解"创意城市"实践的关键词，这就是创意阶层（Creative Class）、创意环境（Creative Milieu）和创意场（Creative Field）。三者共同构成了创意城市的核心要素：人、环境、制度，这三者之间的互动与相互支撑推动着城市的经济、文化、技术、空间等创意的高品质发展。

一 创意城市的核心要素

（一）创意阶层

创意人才与人力资本无疑在文化创意产业中具有不同于以往工业社会的意义。最先提出创意阶层的文化经济学家理查德·佛罗里达，在其《创意阶层的崛起》（*The Rise of the Creative Class*）中指出，不能把创意简单视为一个部门或行业的分类，创意在当代经济中的异军突起表明一个职业阶层的崛起。他说，对于创意的经济需求由一个全新阶层的兴起显示出来，我叫它创意阶层。美国人大约3800万，其中30%的就业人口属于这一阶层。我把创意阶层的核心界定为以下领域的人员：科学与工程、建筑与设计、教育、艺术、音乐与娱乐……创意阶层还包括了围绕核心的更广泛的创意专业人士群体，分布在商业与金融、法律、医疗保健等相关领域……此外，创意阶层的所有成员，无论他们是艺术家还是工程师，音乐家还是计算机专家，作家还是企业家，都拥有一种共同的创意特质，就是重视创新、个性、差异和价值。[①] 在佛罗里达的定义中，创意阶层指所有在创意领域取得大学以上文凭的专业人员，但是将另外一批人：工匠、手工艺人、民间艺术表演者等，排除在创意群体的名单之外。事实上，这类创意群体的跨度很大，既包括相对贫穷的艺术团体、低收入音乐家或演员等阶层，也包括相对富裕的设计师等行业中的创意个体。

（二）创意环境

"创意城市"的概念是由兰德利在2000年提出的。他指出，创意环境是一个场所在"硬性"和"软性"基础设施方面催生构思和发明所要拥有的必要先决条件。它可以是一个建筑组团、城市的一部分，一整座城市或者一个区域。它是这样的物质环境：为大量的企业家、知识分子、社会活动家、艺术家、管理者、政治掮客或学生提供一个思想开放的、世界性的环境；在那里，面对面的互动交流创造出新的构思、艺术品、产品、服务和机构，并因此带来经济效益。[②] 在兰德利看来，美国硅谷与巴尔的摩港口区的艺术和创意产业集聚区就是这种典型的"创意环境"，既包括丰富的建筑空间、道路设施、科研和教育机构、艺术机构、文化设施等硬件，也包括创新人才、管理者、开放的交流平台、独特的城市气质、创新的文化氛围等软件。从发达国家的发展经验来看，空间集聚所形成的创意环境是文化创意产业发展的一个显著特点。文化创意产业集

[①] 转引自唐燕、克劳斯·〔德〕昆兹曼等：《文化、创意产业与城市更新》，清华大学出版社，2016，第4页。

[②] 转引自唐燕、克劳斯·〔德〕昆兹曼等：《文化、创意产业与城市更新》，清华大学出版社，2016，第4页。

聚在一定的空间范围内，通过降低成本、提高效率、刺激创新、加剧竞争等，提升整个区域内文化创意产业的竞争力。文化创意产业在特定地区的集聚可以带动地区的发展，成为城市发展战略的重要组成部分。例如，著名的洛杉矶影视娱乐产业集群，即我们所熟知的好莱坞，该区域内集聚着哥伦比亚影业公司、华纳公司、迪士尼公司、21世纪福克斯公司、环球影片公司、派拉蒙影业公司等六大电影制作发行公司的总部以及众多独立制片发行公司和相关服务机构，依靠强大的竞争力占据了全球电影制作发行相关产业的主导地位，这是文化创意产业集聚的典型例子。

（三）创意场

2006年，斯科特（Scott）在前两者的基础上探索了培育创意的系统性组织需求，并称之为"创意场"（见图5-1）。"创意场"是产业综合体系内促进学习和创新效应的结构，或一组促进和引导个人进行创造性表达的社会关系。这种"社会组织结构/关系"，或者简单地说这种"制度"，既反映为不同决策和行为单位之间的互动交流，也反映为基础设施和社会间接资本（如学校、研究机构、设计中心等）的服务能力，是社会文化、惯例和制度在生产和工作集聚结构中的一种表达。创意场是一种空间与制度在地理上呈现的网络系统，包含了创意培育与创意产出之间的交互过程，其系统的完整性影响城市（或者区域）的创新能力。"创意场"有三个圈层：第一圈层是城市文化经济的网络，又细分为文化经济核心部门、文化经济补充性活动部门、地方劳动力市场结构三个层次；第二圈层是更加广阔的城市环境，包括传统、规范和场所记忆空间（如博物馆），视觉景观（都市意向），文化与休闲设施，适宜居住的生活环境，教育与培训活动场所，社交网络六个组成部分；第三圈层是管理和综合行政机构，三者的匹配程度决定了城市的"创意"表现。

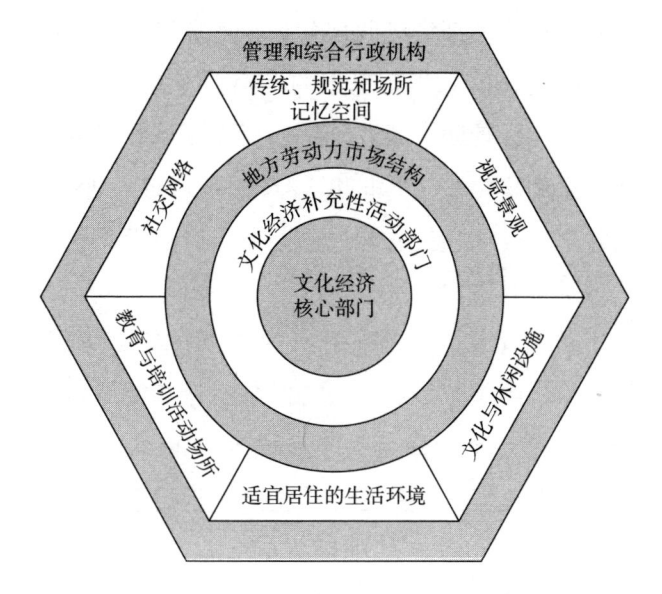

图 5-1 斯科特的"创意场"概念图解

资料来源：Scott, Allen J., Cultural Economy and the Creative Field of the City, http://mpra.ub.uni-muenchen.de/32108/，2010。

二 关于产业集聚的主要观点

产业集聚指的是特定区域的主导行业带动相关企业向特定的区域集中，使整个区域获得了竞争优势的现象。长期以来学界对这一现象十分关注，相关理论众多。而对于文化创意产业集聚的研究则是产业集聚理论在文化创意产业的应用。与传统制造业产业相比，文化创意产业具有高风险、高生产成本、低复制成本、次公共物品等特点。在研究文化创意产业集聚时，必然要考虑文化创意产业的特殊性。

1890年，经济学家马歇尔（Alfred Marshall）从外部规模经济的角度出发，分析了属于同一产业的企业地理集中和相互依赖的现象。一个产业选择了适合发展的地区之后，就会长期留在这里；一段时间之后，相关产业也会在附近出现，提供生产工具和原料、组织运输和销售等。随着生产规模的扩大，经济发展为个别企业的内部经济和行业整体的外部经济两部分。在产业区里，外部经济的好处包括知识、技能、信息和新思想的传播，专业化的劳动力市场，平衡劳动需求结构，辅助性工业发展，促进区域经济发展、便利顾客等。经济学家克鲁格曼（Paul R. Krugman）将其进一步概括为：劳动力市场共享、中间品投入和技术外溢。企业为了获取外部经济效益而自然地进行集聚。[1]

1909 年，经济学家韦伯提出了"集聚经济"的概念。他认为产业集聚可以分为两个阶段：第一阶段是由自身简单规模扩张引起的产业集中化；第二个阶段是大企业以完善的组织方式集中于某地，带动同类企业集聚。一般而言，生产过程的专业化、劳动力的专业化、专业市场的扩展、基础设施的共享等使得企业的成本降低、效率提高，促成了产业集聚现象。

20 世纪 90 年代，美国学者迈克尔·波特（Michael E. Porter）提出了产业集群竞争优势理论。在 1998 年的《集群与新竞争经济学》一文中，波特将产业集群定义为集中在特定区域的，在业务上相互联系的一群企业和相关机构，包括提供零部件等的上游的中间商、下游的渠道与顾客、提供互补产品的制造商，以及具有相关技能、技术或共同投入的属于其他产业的企业。[2] 从竞争优势出发，波特认为产业集聚有利于提升产业竞争力和国家竞争力，并提出了著名的用于分析产业集群竞争力的"钻石模型"，即影响集群竞争力的因素包括生产要素、需求条件、支撑产业、企业的战略。值得注意的是，他也强调了政府在产业集聚过程中所起的作用，认为政府的政策对产业集群的形成和发展有较大的影响。无疑，产业集聚出现之后，其创造的制度、名声、信息等公共财富，无形中降低了

---

[1] 袁海：《文化产业集聚的形成及效应研究：基于中国数据的实证检验》，中国经济出版社，2016，第 13 页。

[2] 〔美〕多米尼克·鲍尔、艾伦·J. 斯科特编《文化产业与文化生产》，夏申、赵咏译，上海财经大学出版社，2016，第 180 页。

创意创新活动的门槛，有利于新的同类企业的创业活动。

近年来，不少学者从创新的角度出发，对产业集聚展开了研究。由马歇尔提出知识外部性出发，熊彼特将产业集聚和技术创新联系在一起，认为产业集聚有助于创新。区域创新学派认为在创新活动，特别是复杂的技术创新和系统创新中，单个企业的能力是有限的；产业集聚可以降低技术和市场等方面的不确定性，提升区域的创新能力，是一个创新环境与创新网络叠加下的区域创新系统。[1]

三 文化创意产业集聚相关理论

文化创意产业集群是指相互关联的文化创意企业、工作者及相关机构在一定的空间内形成的区域集合体，常见形态包括但不限于高校创意园、文化遗址、艺术产业园以及文化创意产业园等。以迪士尼公司为代表的大型文化创意产业公司，往往通过纵向一体化方式控制整条产业链或者产业链的大部分，在企业内完成产品的生产与发行。与此相对，文化创意产业集聚可以通过大小企业之间的专业化分工和协作网络的组织形式，共同完成一件文化创意产品的生产。考虑到文化创意产业的不确定性，这种高度灵活的生产方式，在大公司的标准化产品之余，可以在风险较低的情况下满足市场上的多样化需求。

艾伦·J. 斯科特（Allan J. Scott）在《文化产业：地理分布与创意领域》一文中，提出文化创意产业往往与某个特定地点相联系。文化创意产业的创作者以地理为基础形成文化团体，自然形成的惯例和制度基础将团体紧紧凝聚在一起，再吸引其他地方的同类创作者为了拥有更好的职业生涯而移居到这里。作者指出，这和马歇尔提出的"外部性"是一致的。外部性理论同样适用于文化创意产业集聚，它为同业人员的交流提供了基础，也为创新创意活动提

---

[1] 王缉慈等：《超越集群：中国产业集群的理论探索》，科学出版社，2010，第27页。

供了良好的平台。除了企业交往和劳动力市场方面的优势之外，特定的集聚地点在消费者眼中还具有声誉效应和符号价值，可以为文化创意产品带来附加价值。

哈拉尔·贝谢尔特（Haral Beschet）在《文化产业集群的多维度分析——德国莱比锡媒体产业实例》一文中提出了一个研究文化产业集群的多维度分析框架，将其分为水平维度、垂直维度、体制维度、外向维度和权利维度。水平维度指的是集群中生产同类产品的公司，它们构成了互相竞争的关系，而企业对竞争对手的近距离关注，使得企业获得了及时调整、改变的机会。垂直维度指的是集群中生产互补产品的公司，它们构成互相合作的关系，也存在互动和学习的过程。体制维度对集群内企业之间的沟通与合作有重要影响，有助于集群内信息流通生态圈的形成。外向维度决定了集群的开放程度，为企业的创新活动带来外部的知识和技术等助力。权利维度指的是集群内企业所形成的层级和内部网络关系，一般呈现为几家主导企业的枢纽作用。五个维度并不是完全独立的，维度之间存在相互作用关系。例如，水平维度和垂直维度之间存在权衡和取舍的关系；垂直维度上适当的社会分工有助于集群中企业的相互合作，但过度的分工可能带来水平维度上的竞争不足。

由于创新和创意在文化创意产业中的关键地位，知识和技术的溢出效应是文化创意产业集聚研究中最受关注的方向之一。首先以文化视角研究经济活动的匈牙利经济学家波兰尼（Karl Polani），在《个人知识》（1958年）中将知识区分为显性知识和隐性知识。显性知识指的是能够以书面或者语言加以表述的知识，而隐性知识难以表述，隐藏在个人的主观认识之中。文化创意产业是知识密集型产业，有大量存在于创意者身上的隐性知识，另外创意者的个人素质对产品质量也有较大影响。文化创意产业集聚所带来的地理空间上的邻近有益于同业者之间的互动交流和彼此学习，带来隐性知识在产业内部的传播，最终激发创新创意的产生。除了知识的溢出效应之外，高素质人才的集聚也有利于企业人力成本的降低。

四　文化创意产业集聚的实践

文化创意产业集聚的实践先于理论研究。文化创意产业集群的形成与地方的文化传统、经济水平、资源禀赋、人文环境、政府规划等各方面因素都有着内在的关联。不同地区的文化创意产业集聚的生成路径存在很大的差异。

目前，以下三种是较为典型的发展模式：一是民间自发集聚形成的文化艺术区，依托低廉的地价、充足的空间或区域内的历史文化积淀等因素；二是政府主导规划建设的文化产业园区，一般以城市更新或建设新城区为目的；三是由"开发商"招商的文化艺术区，指开发商企业打造一个设施平台，吸引相关创意企业进驻，"开发商"只做物业管理，不参与入园企业的发展与运营。

案例 1　北京 798 艺术区：民间自发集聚而成

北京 798 艺术区位于北京市朝阳区酒仙桥街道大山子地区。该地区与北京中心城区有一定的距离，甚至有"郊区"的感觉。"798 艺术区"原来是北京市第一个五年计划时期的成果，也是当时亚洲最大、最昂贵的工业综合体。该综合体包括多个工厂，由于生产的是当时的先进工业产品，属于保密单位，统称"798"。该单位是苏联援助的工程，并由毕业于包豪斯学院的民主德国的技术人员设计。

20 世纪 80 年代，该综合体与其他国营企业一样经营上举步维艰，到了 90 年代，已有 75% 的工人下岗。由于需要支付工人养老金，只得出租老厂房以获得迫切需要的收入。798 联合厂等电子工业的废弃厂房，占地面积近 30 万平方米，其中包括近两万平方米的包豪斯风格建筑，简洁、朴实而富有动感，体现了现代大工业生产的美学特点。

工厂建筑的独特美感和低廉的使用成本吸引了一批艺术家来到此地,自发形成了以当代艺术创作和展示为中心的文创产业集聚区。

2002年10月,日本艺术家田畑幸人将其东京画廊在北京的分支机构设在了798艺术区,并在此举办了首个"北京浮世绘"展览;这是全球首个进驻798艺术区的画廊。由此,798艺术区开始受到广泛的关注,其他相关行业如出版、设计、媒体等陆续进驻,798艺术区从一个单纯的当代艺术家集聚区向多元化的文化创意产业集聚区发展。2004年4月,首届北京大山子艺术节在798艺术区开幕,吸引了上万人到访,标志着798艺术区作为北京的文化品牌进入主流视野。艺术节由798艺术区内多家画廊和艺术家工作室联合举办,是一次完全由民间机构举办的大规模当代艺术活动。2006年,798艺术区被北京市政府列入首批文化创意产业集聚区,并设立了798艺术区建设管理办公室,艺术区的发展开始受到政府的关注和支持。[1]

今天,798艺术区已经成为中国当代艺术的一个符号,同时也是中国最大的当代艺术品集散地。截至2013年底,入驻798艺术区的画廊、艺术家个人工作室及其他文化创意产业公司和机构有近500家,其中包括美国佩斯画廊、比利时的尤伦斯当代艺术中心、西班牙的伊比利亚艺术中心、丹麦的林冠画廊、意大利的常青画廊、新加坡的季节画廊、朝鲜万寿台画廊、中国台湾索卡画廊等知名艺术机构。[2]

在品牌建设上,798艺术区还举办每年一度的798艺术节、北京798印象当代艺术展、798艺术区国际儿童节、798品牌出国门等系列活动,维持在海内外的影响力。在798艺术区的

---

[1] 刘明亮:《北京798艺术区:市场化语境下的田野考察与追踪》,中国文联出版社,2015,第18页。

[2] 北京朝阳文化产业网,http://www.chycci.gov.cn/garden.aspx? id=294。

周边也陆续出现了酒厂国际艺术园区、一号地艺术园区、草厂地艺术区、环铁国际艺术区、索家村和费家村艺术村落等10余个文化创意产业集聚，形成了以798艺术区为中心的文化创意产业集聚带，体现了文化创意产业集聚显著的外部效应。

必须注意的是，随着798艺术区的名声越来越大，大量资本的涌入带动租金上涨，使得不少艺术家不得不离开798而另寻他处，取而代之的是进行高端艺术品交易的画廊和服务于游客的零售商店等商业机构。798艺术区的过度商业化已经引来不少批评的声音。这一现象也出现在类似的自发形成的文化创意产业集聚区，如20世纪美国纽约的休南区、今天上海的M50文化创意园区等。经济学家凯夫斯在《创意产业经济学：艺术的商业之道》一书中描述了纽约一些地区从艺术家集聚区发展成为成熟商业区的循环，并这样总结道："现代艺术品市场的空间分布必然具有一种自我毁灭的特性。"[①]

文化创意产业集聚区的形成往往与本地在文化资源上的优势有关。区域文化资源作为有别于其他地区的独特成分，从生产和消费的角度来看，就是差异性和稀缺性，它们是导致文化生产动机和文化消费需求的基础力量。对此类文化资源的开发和利用大多必须在本地才能进行，在发展初期成为吸引文化创意产业在此集聚的关键因素，而集聚的形成本身又成为本地发展文化创意产业的新的优势，使得产业集聚范围进一步扩大。

案例2　西安曲江新区：政府主导规划建设

西安曲江新区位于西安城区东南，面积为40余平方公里，是一个典型的在政府推动下形成的文化创意产业集聚区。追溯

[①] 〔美〕理查德·E.凯夫斯：《创意产业经济学：艺术的商业之道》，孙绯译，新华出版社，2004，第30~31页。

其发展历程，可以看到曲江新区由单一的旅游度假区向多元化的文化创意产业集聚区转变的轨迹。

西安是中国的十三朝古都，历史文化遗存丰富，有许多可供开发的文化资源。西安曲江新区所在地曾是唐朝皇家园林，1993年由陕西省人民政府批准设立"西安曲江旅游度假区"，以带动西安旅游业的发展。1996年设立曲江旅游度假区管理委员会之后，度假区以大雁塔和曲江皇家园林遗址为中心，范围进一步扩大到16平方公里。但是，由于建设周期长、筹资困难等原因，旅游度假项目的开发几乎陷于停滞。

2002年，文化产业被西安市政府列为五大主导产业之一。与此同时，曲江旅游度假区也更名为"西安曲江新区"，迎来了全新的发展机遇。这一时期，西安曲江新区的面积扩大为47平方公里，重新定位为以文化、旅游、商贸、居住为主导产业的城市发展新区。2007年，西安曲江新区被文化部列为首批"国家级文化产业示范区"。此后，西安曲江新区依托区域内的大雁塔、大明宫、城墙南门区、楼观台等历史文化遗产，组建了曲江文化产业投资集团、曲江影视集团、曲江会展集团、曲江演出集团、曲江文化旅游集团、大明宫投资集团等六大产业集团，涵盖了文化创意产业的多个门类。另外，规划建设了出版传媒产业园区、会展产业园区、国际文化创意园区、动漫游戏产业园区、文化娱乐产业园区、国际文化体育休闲区、影视娱乐产业园区、艺术家村落等九大文化产业园区。截至2015年12月底，西安曲江新区集聚文化企业达4600家，几乎涵盖文化产业的所有门类。[①]

在《西安曲江国家级文化产业示范区总体规划（2009—

[①] 滕晶、李敏：《"一带一路"倡议（战略）下的中国西部文化产业发展路径——基于西安曲江新区文化产业示范园区的思考》，《西安交通大学学报》（社会科学版）2016年第4期，第52页。

2020)》中，除了原有的曲江核心区以外，大明宫国家遗址保护区、西安城墙景区、临潼国家旅游休闲度假区、楼观台道文化展示区等也被规划成为曲江新区的辐射区，总规划面积达126平方公里。西安曲江新区在政策引导下持续稳步发展，是文化创意产业与城市区域建设融合发展的典范。

政府主导型的文化创意产业集聚区是政府根据该区域发展的需求，规划建设文化创意产业园区，进而利用相关优惠政策吸引文化创意企业入驻，"自上而下"培育而成的文化创意产业集聚区。这类集聚区一般拥有雄厚的实力基础、良好的政策支持，肩负着区域发展的重大使命，除西安曲江新区之外，较为著名的还有广州的南山数字文化产业基地、深圳的观澜版画原创产业基地、深圳的蛇口网谷等，它们都是政府战略规划的结果。

在政府主推的文化创意产业集聚区里，政府的职能部门往往具有管理机构的事业性质，入驻企业能够获得政府的产业扶持和实实在在的税收、租金、补贴、贷款等多方面的优惠政策，招商优势明显，园区入驻率高，具有其他类型不可比拟的政府资源优势。现阶段，中国的文化创意产业尚处于初级发展阶段，地方政府的政策引领能够起到积极的推动作用。尤其对一些处在成长期的中小企业来说，短期孵化成效显著。但从长期来看，这类文化创意产业集聚区是政府引导开发形成的，而非经济产业发展到一定规模的产物；而且近年来，各地政府跟风式地重复建设，缺乏与本地资源禀赋的契合，再加上区内企业往往因缺乏资源整合而产业链不完整等问题，在发展过程中必然面临市场的重新选择。近年来，各地频繁出现政府盲目建设、招商，运营后客流稀少、生意惨淡，甚至关门的现象。

案例3　深圳华侨城创意文化园：开发商招商建设

华侨城集团有限公司总部位于深圳，成立于1985年，是隶属于国务院国资委管理的大型国有中央企业。华侨城集团以旅游、房地产、通信电子为三项核心业务；其文化产业正以独特的魅力成为行业的典范。20世纪80年代时，今天的华侨城创意文化园还是一个包含20多个领域、近60家工业企业厂区，入驻企业多为"三来一补"工业企业。到了90年代末，随着深圳市区城市功能转型，加工业逐步退出，华侨城东部工业区内企业陆续启动外迁，大面积旧厂房被闲置废弃，亟待重新开发使用，在这种情况下，华侨城集团有限公司在深圳第一次提出将工业区改造为LOFT创意产业园区的想法。

同样是由旧厂房改造而来，华侨城创意文化园和北京大名鼎鼎的798艺术区不同，它没有高耸的烟囱和宏伟的厂房，虽然就是一些简陋的工棚，带有很强的临时性，但是它保留着深圳这个城市发展初期的烙印。华侨城创意文化园的设计者在改造过程中，只对结构进行了加固，那些带有历史厚重感的物件，如烟囱、红砖、车间流水线、机器、斑驳的外墙等都被保存了下来。园区占地面积约为15万平方米，建筑面积约为20万平方米，分为南北两区。2005年1月，OCT当代艺术中心进驻华侨城创意文化园南区；2005年12月，首届深圳城市\建筑双年展在华侨城创意文化园举行；2006年5月，华侨城创意文化园正式挂牌。

之后，华侨城创意文化园南区先后引进中国香港著名设计师高文安、梁景华等人的工作室，具有百年历史文化的国际青年旅社，设计创意行业的品牌企业都市实践公司，鸿波信息公司的动漫设计基地，华侨城国际传媒演艺公司等约40家创意、设计、文化机构。

自2007年起，基于创意文化园南区的成功运作经验，华侨城启动了北区项目改造升级计划。北区定位是以创意设计为主的潮流前沿地带，作为艺术创作的交易、展示平台，融合

"创意、设计、艺术"于一身的创意产业基地。北区还启动了3000平方米的艺术大众共享平台，集聚了又一批涉及多个领域的前卫、先锋、创意、设计商家，如欧洲著名的家具品牌Vitra、汇集中外人文艺术书籍和复古黑胶唱片的旧天堂音乐书店、关注世界各地女性时尚创意生活和网罗世界各国女性艺术大家作品的《Little Thing 恋物志》杂志官方概念店little thing shop以及弘扬禅茶之道的岩陶等优质商家。2011年5月14日，华侨城创意文化园实现整体开园。①

应该说，华侨城集团有限公司作为央企，无论在政策资源上还是财富资源上都具有一般企业不可比拟的优势。现在看来，华侨城创意文化园的这种发展模式在中国各地模仿与跟随者众多。

第二节 文化创意产业与创意城市

第二次世界大战结束以后，世界被更大范围地卷入欧美所主导的工业社会体系之中。中国的现代化过程也源于此。近40年来，中国的改革开放进一步加快了这一进程。

城市是文化和创意互动的空间，也是文化创意产业发展和集聚的空间。文化创意产业与城市更新、新经济建设紧密结合，被视为"创意城市"运动中的关键组成部分。

一 创意城市运动的历史发展

创意城市运动可以追溯到20世纪中期西方出现的城市更新和城市复兴。早在二战后，一些大城市面临战后恢复期的经济萧条、

---

① URBANUS：《华侨城创意文化园改造》，《住宅与房地产》（综合版）2013年第1期。

人口增长、住房短缺、治安恶化等问题，城市更新问题提上议程。20世纪80年代以来，信息技术的飞速发展推动经济全球化继续加速，空间不再成为全球经济活动的限制因素。这一重大改变正是席卷全球的新经济浪潮。在城市的层面上，传统城市工业结构进一步发生改变，原有产业或衰败、或转移，令不少城市进入"后工业社会"。20世纪90年代，西欧地区开展了大量的城市复兴工作。这些大多是传统产业已经衰落，社会、经济、环境和社区等方面受到损失的城市。城市复兴通过各种手段，改善其物质空间、社会、经济、环境和文化等方面，再生经济活力、恢复社会功能，维持生态平衡、提升环境质量，并解决社会问题。[1]

以文化和创意为中心的城市发展战略于20世纪90年代末开始在全球受到关注。兰德利在《创意城市：如何打造都市创意生活圈》一书中认为，城市需要超越工业时代单纯的低成本、高产能竞争模式，知识、技术和创新成为21世纪新经济中经济成长和财富创造的来源。[2] 在城市产业重整升级的过程中，以互联网为基础的新经济，使得创新创意活动为产品带来的附加价值受到重视。另外，更多的休闲时间和城市人口，对公共文化休闲场所和文化休闲消费的需求大大提升。文化创意产业往往是具有高附加值的产业，在发展和集聚过程中经常选择利用成本低廉、环境便利的旧城区或工业转移过程中留下的废弃厂房，逐渐形成富有创新精神和理想社群文化的成熟社区，从而推动了城市空间的再利用和城市更新的进程。文化创意产业因而成为后工业时代各国许多城市关注的焦点，建设"创意城市"也作为城市复兴的一个重要思路出现。

创意城市没有明确的定义，在一般认识中，指的是一个文化活

---

[1] 金元浦编著《文化创意产业概论》，高等教育出版社，2010，第166页。
[2] 〔英〕查尔斯·兰德利：《创意城市：如何打造都市创意生活圈》，杨幼兰译，清华大学出版社，2009，第21页。

动与城市运行紧密结合的城市综合体。发达的文化创意产业是创意城市的表征，但发展创意城市不仅仅等于发展文化创意产业。英国城市地理学家彼得·霍尔分析了文化创意产业与创意城市之间的关系。文化创意产业能够为创意城市吸引和培养创意阶层，而通过发展文化创意产业形成的创意城市，其创意活动和创新精神不仅局限于文化创意产业，还渗透到城市政治、经济、社会生活的方方面面，提升城市的综合竞争力。

值得注意的是，现在所谈论的创意城市，最初是从文化、艺术、文化产业、文化资源等词发展而来的。随着时间的推移，自20世纪90年代末开始，创意成为这一发展的关键词，对"文化产业"的使用也逐渐向"创意产业"演变。这一变化除了对时髦用词的迎合之外，也反映了人们对创新创意活动的关注不断上升，所指涉产业的范围也略有拓展，在最宽泛的定义下，甚至连涉及创意和设计的制造业有时也被纳入"创意产业"的范围。

创意城市发展至今，已经进一步出现了网络化的趋势。2004年，联合国教科文组织发起了"全球创意城市网络"的建设，旨在促进文化创意产业的发展及国际合作。截至2019年，"全球创意城市网络"已经有180个成员城市，来自72个不同的国家和地区，涵盖手工艺与民间艺术、设计、电影、美食、文学、媒体艺术和音乐7个领域。

二 创意城市的构成条件

不同学者对创意城市的构成条件理解不同。作为创意城市研究的开拓者，兰德利提出了九项测度创意城市的指标：关键多数（Critical Mass）、多样性（Diversity）、可及性（Accessibility）、安全与保障（Safety and Security）、身份认同与特色（Identity and Distinctiveness）、创新性（Innovativeness）、联系和综合效益（Linkage and Synergy）、竞争力（Competitiveness）和组织能力（Organizational Capacity)。① 另一个广为人们接受的是佛罗里达提出的3T理论，即天才（Talent）、技术（Technology）和宽容（Tolerance）。其中，人才是三个要素中最为重要的，人才带来技术，而宽容是为了留住人才。② 我国文化创意产业研究学者厉无畏认为，创意城市虽然不是严格的学术概念，但是拥有四个特征：具有发达的创意产业；具有良好的经济和技术基础；具有适宜创意人才生存发展的优良文化和社会生态；具有良好的文化氛围与一定数量和水平的受众。③

一般来说，创意城市应具备以下条件。首先，拥有发达的文化创意产业。如前所述，创意城市和创意产业的文化发展必然是相辅相成、相互促进的。其次，创意城市集聚了一批创意人才。英国经济学家坎农认为，创意城市就是"人的城市"，是依靠人的创造力提升城市竞争力的城市。④ 众多的创意人才是创意城市发展的核心，佛罗里达将其称为创意阶层，即需要在工作中使用创意的人，包括设计师、艺术家和教育工作者等。最后，创意城市拥有良好的创新氛围和多样性的文化。宽松、包容的文化氛围是文化创意产业发展的重要基础，为城市吸引各种不同类型的创意人才。创意人才的异质性促进了不同知识、思想和文化之间的交流，使得各种想法在碰撞中激发出新的创意。同时，也保证了不同的文化创意产品都能有一定的受众，为文化创意产业健康全面地发展提供了充足的市场需求。

三 文化创意产业与创意城市的关系

具体来看，创意城市是文化创意产业兴起的基础和动力，文化

---

① 〔英〕查尔斯·兰德利：《创意城市：如何打造都市创意生活圈》，杨幼兰译，清华大学出版社，2009，第328页。
② 〔美〕理查德·佛罗里达：《创意阶层的崛起》，司徒爱勤译，中信出版社，2010，第77页。
③ 厉无畏：《迈向创意城市》，《理论前沿》2009年第4期，第5页。
④ 转引自刘容：《联合国教科文组织创意城市网络研究：文化多样性与文化产业的双赢》，中国社会科学出版社，2016，第1~2页。

创意产业也推动创意城市的发展。① 首先，文化创意产业是城市产业结构优化升级的表现，为城市带来经济效益。根据国家统计局公布的统计数据，2016年，我国文化创意产业增加值为30254亿元，文化创意产业占GDP的比重为4.07%，文化及相关产业的营业收入均保持增长。② 文化创意产业正处于高速增长阶段，对经济增长有拉动作用。

其次，文化创意产业能够优化城市的空间结构，改善城市环境。文化创意产业所需空间较为灵活，除了前文所述对废弃工业空间的利用之外，也可以以集聚的形态分布在衰落的老城区。文化创意产业集聚的出现改变了城区土地的利用方式，促进周边地区文化生产与文化消费的混合，形成一个兼具经济、文化、社会、环境效应的区域，激发创意城市的活力。

再次，文化创意产业能够保护城市的传统文化资源，并塑造新的城市文化。文化多样性是创意城市的关注重点之一。文化创意产业通过对传统文化资源的开发和利用，以市场化的方式维系城市文化，又以创新创意的手段使其在新时期获得新生，得以继续传承与发展，实现社会效益和经济效益的双赢。

最后，发展文化创意产业能够促进就业，为建设创意城市吸引高素质的创新创意人才，而创意阶层的崛起为文化创意产业带来丰富的人力资源，反向推动了文化创意产业的成长和集聚。文化创意产业集聚为文化活动创造了基础，并刺激了创新、文化多样性和地方认同感的出现。除了行业人才之外，文化创意产业的发展更可创造新的城市形象，使城市对流动资本和其他行业的人才有更大的吸引力。③

---

① 李明超：《创意城市与英国创意产业的兴起》，《公共管理学报》2008年第4期，第93页。
② 叶朗主编《中国文化产业年度发展报告（2017）》，北京大学出版社，2017，第1~2页。
③ 柯维佳：《武汉市文化创意产业与城市更新的互动研究》，硕士学位论文，华中师范大学，2015，第15页。

尽管文化创意产业与创意城市建设之间联系紧密，但值得注意的是，发展文化创意产业不等于建设创意城市。试图以创意产业这一最能体现城市发展成果的创新活动的最终阶段，来取代构建产生创意理念所需要的开放包容和谐的社会环境、理念转化为产品所需要的公平透明完善的法制环境、产品投放市场所需要的多样活跃的商业环境……这种只重结果而没有源头的创意城市是难以为继的。[①]林立的文化创意产业园，若是缺乏良好的城市文化和发展环境，最终只会沦为以建设"创意城市"为名的地产圈地或者热钱撤出之后的"空城"。

第三节　创意城市的实践

一　创意城市的类别

根据场合和目的不同，创意城市有很多不同的分类方式。

在联合国教科文组织"全球创意城市网络"中，创意城市被分为7类：（1）手工艺和民间艺术之都，如埃及阿斯旺、中国杭州等；（2）设计之都，如德国柏林、新加坡、中国上海等；（3）电影之都，如意大利罗马、韩国釜山等；（4）美食之都，如泰国普吉，中国成都、顺德等；（5）文学之都，如爱尔兰都柏林、捷克布拉格等；（6）媒体艺术之都，如奥地利林茨、以色列特拉维夫－雅法等；（7）音乐之都，如英国利物浦、巴西萨尔瓦多等。[②]这一分类方式主要按照当地文化创意产业的主导行业进行，服务于联合国教科文组织保护全球文化多样性和加强成员城市之间国际合作的目的。

[①] 甘霖、唐燕：《创意城市的国际经验与本土化建构》，《国际城市规划》2012年第3期，第54页。

[②] 联合国教科文组织：《创意城市 | 创意城市网络》，https://zh.unesco.org/creative-cities/。

在学术界，霍普斯总结出4种类型的创意城市：(1) 技术创新型，一般在富有创新精神的创业者的带领下，使新技术在当地得到发展，甚至成为技术革命的发源地；(2) 文化智力型城市，由艺术家、哲学家或知识分子的创造性活动引发，形成文化艺术的创新革命；(3) 文化技术型城市，技术和文化的融合形成了"文化产业"，兼有上述两类城市的特点；(4) 技术组织型城市，政府主导与当地的商业团体合作进行创新活动，创意性地解决城市生活中人口大规模聚居带来的问题。[1] 这种分类方式是建立在英国城市史专家彼得·霍尔（Peter Hall）对创意城市的认知基础上，根据城市发展的历史进程进行总结。[2]

在中国学术界的研究中，刘容根据创意城市的发展模式提出了以下分类：(1) 创意引领型，指拥有稳定的创意阶层、持续的文化吸引力和高品质的城市生活，一直引领全世界的城市发展方向的城市，如英国伦敦、日本东京等；(2) 文化资源型，指善于利用丰富的历史文化资源，在本地培养文化认同感、在全球推广当地文化资源的城市，如美国圣达菲、中国平遥等；(3) 以人为本型，指积极吸引创意人才、培育创意阶层，并鼓励公众积极参与创意活动的城市，如瑞士苏黎世、法国里尔等；(4) 危机应对型，指面对城市衰退等现实问题，发展文化创意产业进行城市复兴的城市，如德国鲁尔地区、英国格拉斯哥等；(5) 特立独行型，指因应亚文化和少数群体的需求，进行城市特色的创新创意活动的城市，如德国汉诺威、美国旧金山等。[3]

二 代表性创意城市分析——英国伦敦

伦敦是文化创意产业最早出现的城市之一，在发展创意城市方

---

[1] 汤培源、顾朝林：《创意城市综述》，《城市规划学刊》2007年第3期，第14页。
[2] 〔英〕彼得·霍尔：《文明中的城市》，王志章等译，商务印书馆，2016，第11页。
[3] 刘容：《联合国教科文组织创意城市网络研究：文化多样性与文化产业的双赢》，中国社会科学出版社，2016，第85页。

面长期引领全球。根据英国政府的官方统计，英国文化创意产业2017年产值达920亿英镑，是仅次于美国的世界第二大文化创意产品生产国。伦敦作为英国文化创意产业的中心城市之一，仅伦敦及周边地区（英国东南部）的文化创意产业就业人口就占全国的一半，电影电视制作和发行行业更是超过75%。[1] 英国音乐产业有一半的产值出自伦敦地区，有超过2/3的独立电视制作公司、1/3的设计机构和1/3的表演艺术公司总部设在伦敦。除了大公司的总部之外，伦敦同样拥有许多中小文化创意企业。大小企业在伦敦形成了许多世界知名的文化创意产业集聚区，包括伦敦西区表演艺术集聚区、SOHO传媒产业集聚区、霍克斯顿英国青年艺术家集聚区等。[2]

伦敦对创意城市发展的关注基于整个英国的经济转型。英国是世界上第一个工业化国家，在工业社会中始终保持先发国的领先地位。随着世界经济的发展，英国开始面临新兴国家和地区的挑战，同时工业转移和城市衰退等问题也必须得到解决。自20世纪90年代以来，英国政府开始对"创意"重视起来，认为知识和文化可以成为解决上述问题的重要手段之一。1997年，英国将"国家遗产部"更名为"文化、媒体和体育部"，并成立了"创意产业专责小组"，正式提出了"创意产业"这一概念（取代之前的"文化产业"）作为政府的战略核心。

伦敦作为文化创意产业发达地区，在制定战略方面领先全国，1985年已经首次将文化产业纳入经济门类。原本文化创意产业各个门类管理较为分散的问题也在2000年得到解决；伦敦创立了新的大伦敦市政府（GLA），文化创意政策与战略的制定自此由市长负责。在文化创意产业管理中，伦敦政府奉行"一臂之距"的原则，

---

[1] 唐燕、〔德〕克劳斯·昆兹曼等：《文化、创意产业与城市更新》，清华大学出版社，2016，第90页。

[2] 尤建新、卢超、薛奕曦：《创新上海》，清华大学出版社，2016，第155页。

并不直接参与具体的运营工作。非政府公共文化机构与政府保持一定的距离，使用政府分配的文化经费，但不直接受到政府的管辖，保持运营的自主性和独立性，保证了各机构的发展自由。

2004年，大伦敦市政府公布了第一份文化发展战略草案《伦敦：文化之都——发掘世界级城市的潜力》，提出要在文化上将伦敦打造成世界级的城市，提升伦敦的文化和文化创意产业在世界上的影响力。草案以增进伦敦文化创意的多样性为宗旨，为创意城市的打造和城市文化的发展提出了四个目标：（1）卓越，指文化活动和相关设施的高质量；（2）创意，指文化创意产业作为经济发展的动力；（3）参与，指公众对文化活动的参与和文化对城市复兴的推动作用；（4）价值，指文化资源向文化资本的转换。[1] 根据2008年伦敦发展署（LDA）发布的《伦敦文化报告》，创意已经成为伦敦发展的核心动力，创意产业也是伦敦发展最快的行业。

具体到文化创意产业的各个门类，伦敦的活力很大程度上源于伦敦在全球网络的中枢地位。下面以广告业和戏剧业为例展开分析。

1. 广告业

伦敦是现代意义上的广告业的兴起之地，也是今天世界三大广告业中心城市之一，以创新力与原创性享誉全球。[2] 作为全球广告网络在欧洲的枢纽，英国是欧洲最大的广告服务出口商。伦敦拥有2/3以上国际广告公司的欧洲总部，广告机构也拥有大量来自欧盟国家的员工。尽管行业发展颇具国际性，伦敦的广告业同样需要其他文化创意产业在本地的支持。历史上发达的报纸行业到今天伦敦成熟的电影电视行业，为广告业提供了巨大的发展空间。这些密切相关的数百家企业，共同在伦敦形成了著名的SOHO传媒产业集聚

---

[1] 王林生：《伦敦城市创意文化发展"三步走"战略的内涵分析》，《福建论坛》（人文社会科学版）2013年第6期，第48页。

[2] 崔晓文主编《广告学概论》，清华大学出版社，2014，第2版，第57页。

区，构成了完整的产业链条。此外，伦敦也举办有广告行业的重要比赛。1985年伦敦国际广告奖创立，2004年更名为伦敦国际奖（LIA），每年都有近百个国家和地区参与，报名的作品超过万件，是最富有朝气的国际创意大奖。

2. 戏剧业

伦敦是世界戏剧之都，伦敦西区是与美国纽约百老汇齐名的世界两大戏剧中心之一。伦敦共有100家剧院，其中49家属于伦敦剧院协会进行管理的"西区剧院"，大部分集中在西区方圆1公里左右的区域之内。每天售票的演出达100多场，日常从业人员包括3000名表演者、6500名表演者以外的全职工作者、5000名兼职者以及5000名记者和剧评人。[①] 伦敦剧院协会公布的数据显示，2017年"西区剧院"票房总收入为7.05亿英镑，比2016年增长9.35%；来自世界各地的观众人数达1509万，比2016年增长5.35%。在世界经济相对不景气的时候，能取得这样的增长率是惊人的。此外，1英镑的票房大约能带动2倍的附加消费，为伦敦其他产业带来收入。受欢迎的剧目除了在"西区剧院"驻演之外，也会在英国全国乃至全球进行巡演，创造又一个巨大的收入来源。

三 中国代表性创意城市分析——成都

2010年，中国成都获批加入联合国教科文组织"全球创意城市网络"，成为亚洲首个"创意城市美食之都"。目前，世界上仅有日本和韩国将美食相关产业划入文化创意产业之中。[②] 其实，在东亚社会，历史上形成了以中国为中心的农耕文明体系，农耕、家居、美食是东亚农耕文明的重要一环，美食和生活方式深深地结合

[①] 应小敏：《伦敦西区剧院的繁盛对中国戏剧产业的启示》，《戏剧》2015年第2期，第46页。

[②] 程小敏、詹一虹：《创意城市视角下"美食之都"的建设实践与思考——以成都为例》，《美食研究》2017年第2期，第22页。

在一起，今天，美食被东亚国家视为重要的地区文化资源是有其历史与现实依据的。历史悠久的川菜是成都的一大文化品牌，是成都市井生活和城市文化的重要组成。"美食之都"也因此成为成都的一张国际名片。

民以食为天，乍看之下，每个城市都有成为"美食之都"的基础。实际上，要想加入"全球创意城市网络"，仅仅拥有地区特色饮食是远远不够的，城市还必须对美食文化给予足够的重视和做好传承工作。对此，2007年成都创建了中国首家美食博物馆——成都川菜博物馆。川菜博物馆占地40亩，从川菜原料展示和传统工具体验，到祭祀灶王民俗文化和川菜烹饪演示馆，最后是老成都餐饮街，完整地展示了川菜文化的方方面面。在文化活动方面，成都举办有大量美食文化节庆活动。以"中国国际美食旅游节"为例，自2004年创办以来，每年连续举办，已经成为成都市第一节会品牌。据统计，在2017年"中国国际美食旅游节"期间，接待境内外游客超300万人次，销售收入近亿元。[①]此外，成都还在旧金山、洛杉矶、维也纳等地举办了成都美食文化节，并建立了川菜海外推广中心，以增强成都川菜产业的全球影响力。上述文化场所和活动均围绕美食文化的宣扬和可持续发展展开，是成都建设创意城市的重要因素。我们可以总结出中国成都围绕"川菜"打造特色文化的八项举措：（1）在城市中心地区有高度发达的美食行业；（2）拥有活跃的美食机构、大量传统餐厅和厨师；（3）拥有本国特有的传统烹饪配料；（4）拥有在工业时代科技进步情况下依然留存的地方性烹饪诀窍、方式和方法；（5）拥有该区域的传统食品市场和食品产业；（6）经常举办与主要美食相关的美食节、烹饪比赛等，并设立相关奖；（7）尊重当地传统产品的生产氛围，且注重促进其可持续发展；（8）注重提高公众对传统美食的关注程度，在烹饪学校推广

---

① 《第十四届成都美食旅游节圆满落幕》，四川省人民政府网，http://www.sc.gov.cn/10462/10749/10750/2017/10/9/10435302.shtml，2017年10月9日。

关于传统烹饪和保护烹饪方式多样性的课程。

基于成都的上述措施，成都的创意产业快速发展。2016年，成都市文化创意法人单位达到约1.5万个，从业人员约46.4万人，实现营业收入2614.2亿元，创造增加值633.6亿元。文化创意产业成为成都新的经济增长点。①尽管增长明显，但与伦敦、东京、北京、上海等一线文化创意城市相比，成都的文化创意产业尚处于发展阶段。

我们知道，联合国教科文组织设立"全球创意城市网络"的目的在于保护全球文化的多样性、促进文化可持续发展，发展文化创意产业是其重要手段。入选"全球创意城市网络"为成都发展文化创意产业提供了契机，也为成都的文化创意产业发展在国际上提供了良好的展示和交流平台。随着文化创意产业的发展，成都已经出现了一系列较为成熟的文化创意产业集聚区。成都的城市文化塑造了良好的艺术创作氛围，开放包容的历史文化和闲适自由的市井生活吸引了大批艺术家在此定居。早在改革开放初期，四川画派在艺术界已小有名气。与北京798艺术区的起源类似，2003年，成都的创作者租用了成都城郊的闲置厂房作为工作场地，逐渐形成了以工厂蓝色的铁皮屋顶命名的"蓝顶艺术区"，这是成都最早的文化创意产业集聚区。2007年之后，在政府的引导下，"蓝顶艺术区"向东迁移，建立了第二期"新蓝顶艺术区"。值得一提的是，"新蓝顶艺术区"设置了全国首创的产权工作室模式，保证进驻的艺术家拥有工作室的完全产权，避免出现商业化和租金上涨造成的艺术家外迁问题，维持艺术区的原有规划。此后，成都市郊的其他地区也逐渐出现了类似的文化创意产业集聚区。

在城市中心区域，成都通过旧城改造陆续建设了一系列成功的文化创意街区，如宽窄巷子、锦里历史文化街、远洋太古里、西村

---

① 《成都发力西部文创中心　打造文化产业新格局》，《华西都市报》2017年8月18日，http://www.nbd.com.cn/articles/2017-08-18/1139769.html。

大院等，大多基于成都的传统市井文化资源，其中宽窄巷子是最为成功的一例。宽窄巷子位于成都市中心，由宽巷子、窄巷子、井巷子三条老街及街道之间的居民住宅组成，是传统成都民间生活的代表性街区。宽窄巷子是成都唯一遗留下来的清朝古街道，所在地原本是清初八旗驻军居住的满城，建筑兼具南北特色。2008年，该地区完成了更新改造，在尽可能保留传统街巷和民居风貌的基础上，建设成为成都民俗主题文化创意街区。当年，获评"中国创意产业项目建设成就奖"和"四川省文化产业示范基地"。除了对历史传统原貌的保护之外，宽窄巷子十分注重传统文化与现代成都新生活文化的结合，经常举办各种文化创意活动，如宽窄茶会、宽窄街头音乐季、宽窄讲堂、井巷子市集、跨年摇滚音乐会等。

除了本地文化资源的开发利用外，作为四川省省会，成都有意将自己建设成为中国西部的文化创意产业集聚枢纽城市。在2015年《成都市城市总体规划（2016—2035年）》中，成都市提出将大力培育文化创意产业，推动培育现代文化创意区域的发展，并确定了"一极七区"的空间设计。成都东村作为文化创意产业增长的"一极"，以创意、数字、国际化为建设目标，致力于发展数字传媒、动漫电玩、影音媒介、线上出版、创意策划等行业；市内重点"七区"分别根据地区特色建设不同主题的文化创意产业集聚区。[①]在2017年召开的"成都国家中心城市产业发展大会"上，成都公布了建设开发红星路文化创意集聚区、少城国际文创硅谷集聚区、人民南路文创金融集聚区、东郊文化创意集聚区、安仁文创文博集聚区等一系列文化创意产业园区的新规划。

四 代表性创意城市分析——德国埃森市

德国埃森市是德国传统工业区鲁尔区的核心城市之一，埃森市

---

① 唐燕、〔德〕克劳斯·昆兹曼等：《文化、创意产业与城市更新》，清华大学出版社，2016，第30页。

的兴衰与整个鲁尔工业区同步。通过拥抱200年来的工业遗产和地区文化，埃森市所在的鲁尔区成功地完成了经济转型和结构调整，通过开展一系列文化项目和活动走向复兴。

19世纪，鲁尔地区发现了大量的煤矿，由此带动了需要大量煤炭能源的钢铁工业的发展，这一过程也使得埃森市发展成为欧洲著名的钢铁工业城市。20世纪60年代，随着本地煤炭被进口的石油、天然气等其他能源所取代，埃森市和整个鲁尔区进入了衰退期。对此，鲁尔区的钢铁和煤矿企业积极进行了"再工业化"的努力，试图通过技术升级进行自救。但是，作为全球性工业进步与技术更新迭代的结果之一，传统工业的衰退和外迁已经无法挽回，产业的转型以及由此带来的产业升级势在必行。20世纪80年代末，鲁尔区终于转变思路，开始了"去工业化"的进程。

1989年，当地政府启动了长达10年的"国际建筑展（IBA）埃姆舍公园项目"（以下简称埃姆舍公园项目）。该项目涵盖了17个城市、总面积达800平方公里的鲁尔工业区，计划将废弃的工厂、煤矿和其他传统工业建筑"转变"为文化地标，集中建设成为一个大型的国家景观公园。该项目在埃姆舍河流域选取了25个传统煤矿、钢铁工业遗产，构建了一条"工业遗产之路"；同时，设计出了30条不同的专题路线以供参观。按照设计者的远期目标，这个项目未来将进一步发展成为跨越国境，包括其他欧洲国家的"欧洲工业遗产之路"。从目前已建成的项目看，应该说达到了设计者改造传统工业、更新为工业文化游览的目的。"工业遗产之路"串联起整个区域近200年的工业历史文化，赋予了鲁尔区统一的形象。在改造的同时，政府也将产业转型带来的失业问题纳入考虑之中。原先在传统制造业工厂工作的工人被培训成导览员，他们满怀自豪地向访客介绍这些自己曾经亲手操作过的机器，以及其中所蕴含的德国工业发展的历史。由此，当地长久以来的工业文化不仅得以保留和传承；而且，居民特别是劳工阶层对往日辉煌的依恋之情也得到了升华。该项目因而在当地获得各方的大力支持，进展得十分顺利。

埃森关税同盟矿区是埃姆舍公园项目中的重要组成部分。埃森关税同盟矿区原本属于鲁尔煤炭公司，因其20世纪30年代包豪斯风格的工业建筑，曾被称为"世界上最美丽的煤矿区"。由于当地煤炭和钢铁行业的衰落，1986年矿区完全停工。根据埃姆舍公园项目的规划，该地区被建设成一个文化活动和文化创意产业的集聚区域。除了以地区和工业文化为主题的鲁尔博物馆和关税同盟矿区纪念路径之外，周边还引入红点设计博物馆、北莱茵西伐利亚邦设计中心等文化创意机构和公司，目标是建设成为德国的现代设计业中心。据2017年统计，设计园区内约有30多家文化创意企业和1000名员工，这完全是从无到有发展出来的。[1] 2001年，埃森关税同盟矿区被联合国教科文组织列为世界文化遗产。除了以博物馆为中心的模式之外，根据地区特点也有公众休闲空间、综合商业区等不同的开发模式。[2]

在创意城市的建设中，大型文化节庆活动有着不可忽视的作用。文化活动的准备过程是一次带动地方各阶层团结协助的机会，也是解决一些长期难题的契机；还有助于打出城市的文化品牌，为文化创意产业的发展持续吸引大量的游客、企业家和创意阶层来访甚至定居。长期以来，鲁尔地区已经举办了"鲁尔钢琴节""鲁尔三年展""工业文化之夜"等周期性文化活动。为了进一步提升本区域的声誉、树立本区域在文化创意产业方面的正面形象，2006年埃森市作为鲁尔区的代表城市，参加了大型文化项目"欧洲文化首都"的申报工作，顺利获得了2010年"欧洲文化首都"的资格。

2010年"欧洲文化首都"的开幕典礼选在最能代表地方工业历史的埃森关税同盟矿区举行，当天参与人数达10万。当年，该

---

[1] Delia Bösch, Basic Press Release, *Design and Creative Industries*, https://www.zollverein.de/app/uploads/2018/06/180601_Basic_Presse_Release_Design-and-creative-industries.pdf, 2018-09-01.

[2] 何玮琦：《论城市行销如何驱动城市转型——以鲁尔埃森2010年欧洲文化首都为例》，硕士学位论文，东吴大学，2015，第86页。

活动有 1.05 亿人次的游客和参与者，其中，有 260 位专业艺术家、建筑师、设计师和 220 位地区艺术家参与了活动，举办了 640 场以上的表演艺术活动，至少确立了 9 个历史文化项目。[①] 此外，"欧洲文化首都"的活动不限于特定空间的展示和演出，而是"嵌入"到当地居民的日常生活之中，大大提升了该地区居民的文化自信和对地区新形象的认同。举办大型文化节庆活动之后，更重要的是如何增加活动的红利，长期保持文化活动为地区带来的活力。在"欧洲文化首都"设计阶段，设计者就已经考虑了哪些活动可以有条件地得到延续。例如，"！sing-day of song"是 2010 年"欧洲文化首都"的项目之一，之后成为两年一度的定期活动，一直延续下来。最近一次在 2018 年，每日吸引超过 15000 名游客。

在埃姆舍公园项目和"欧洲文化首都"项目之后，埃森市并没有就此止步。因为尽管进行了诸多努力，但鲁尔地区的竞争力和吸引力始终不如德国其他地区。[②] 埃森市仍然面临着人口结构变化、族群融合、产业转型、定位等方面的社会经济问题。2012 年，埃森市推出了大型区域发展计划《埃森 2030》，以期进一步提升埃森市的城市竞争力。在之前的埃姆舍公园项目中，埃森只是作为鲁尔区的一部分出现。而在《埃森 2030》中，埃森市有意识地塑造属于埃森的独特文化形象。从这一过程中可以看到传统工业国家与工业地区更新和迭代的一个典型范例。

第四节　中国实践

——乡村振兴

从 1953 年开始的中国"发展国民经济的第一个五年计划"、

[①] 何玮琦：《论城市行销如何驱动城市转型——以鲁尔埃森 2010 年欧洲文化首都为例》，硕士学位论文，东吴大学，2015，第 76 页。

[②] 唐燕、〔德〕克劳斯·昆兹曼等：《文化、创意产业与城市更新》，清华大学出版社，2016，第 141 页。

1978年"改革开放"后的着力点都是将中国从传统的农业大国向工业强国转型的努力,这就使得中国在很长一个历史阶段都将经历传统工业更新迭代与农业社会现代化的历程。特别是传统农村社会在经历了中国社会40年的高速发展之后呈现诸多新的形态,在外部条件与内在资源上和传统社会有了较大的差异,将当代社会发展的工具性成果应用到中国广大的乡村、促使中国社会实现和谐发展,是中国文化创意产业了不起的实践。

一 背景和进程

中国历来以农耕文明著称于世。改革开放40多年来,随着工业化、城镇化的快速发展,我国城乡发展不平衡不协调的矛盾表现得越来越突出,特别表现在城乡居民收入差距较大,现代农业基础不稳固,农村社会事业发展滞后,等等。可以说,城乡发展不平衡不协调,是现阶段中国经济社会发展中最为突出的结构性矛盾。这些问题不仅制约着乡村与农业的发展,也制约着城镇化水平与质量的提升;可以说,乡村与农业的发展已成为全面建设社会主义现代化国家进程中无法回避的挑战。另外,中国传统文化的优势是建立在农耕文明基础上的,中国传统文化的"根""脉""魂"深藏于乡村之中,深藏在农耕生活的方式与社会结构之中。中国在工业化、现代化过程中,如何保护本民族的文化安全、保持本民族的文化个性,并继续保持在人类多元化文明中的重要地位,是中华民族迫在眉睫的要事、大事。特别是在GDP达到世界第二的今天,中国有能力更多地反哺乡村建设,以"乡村振兴"之国家战略从顶层设计现在与未来的行动和着力点。在"乡村振兴"的系统工程中,文化创意产业在乡村这一空间的"集聚"无疑是一个有效的策略。这也正是本书强调文化创意产业是中国的朝阳产业的重要背景。

2017年10月18日,在党的十九大报告中首次提出乡村振兴战略,并将它列为决胜全面建成小康社会需要坚定实施的七大战略之一。十九大报告指出，乡村振兴建设的总目标是农业农村现代化，总方针是坚持农业农村优先发展，总要求是20个字：产业兴旺、生态宜居、乡风文明、治理有效、生活富裕。为此，制度保障是建立健全城乡融合发展体制机制和政策体系。

为了落实这一战略，中国出台了一系列政策。2017年12月29日，中央农村工作会议首次提出"走中国特色社会主义乡村振兴道路"。2018年1月2日，《中共中央 国务院关于实施乡村振兴战略的意见》由中共中央、国务院发布，即日起实施。同时，中国就实施乡村振兴战略拟出了"三步走"的时间表：2020年，乡村振兴取得重要进展，制度框架和政策体系基本形成；2035年，乡村振兴取得决定性进展，农业农村现代化基本实现；2050年，乡村全面振兴，农业强、农村美、农民富全面实现。从中我们可以看出，这是一个长期的系统性工程，需要全方位的协调工作。本部分主要探讨的是以文化创意产业集聚为视野的中国乡村振兴。

早在2002年5月，有感于不少地方领导只顾"经济效益"而忽视传统文化的保护，福建省时任省长习近平为《福州古厝》做"序"时大声疾呼："作为历史文化名城的领导者，既要重视经济的发展，又要重视生态环境、人文环境的保护。发展经济是领导者的重要责任，保护好古建筑，保护好传统街区，保护好文物，保护好名城，同样也是领导者的重要责任，二者同等重要。"[①]习近平总书记在文中提到的"历史文化名城"是中国中央政府从1982年启动的一项对中国传统文化实行系统性保护的工程。我们知道，人类在漫长的历史进程中建设了乡村、集镇、城市，它们是人类社会经济文化发展的产物，是人类所处时代和地域的社会缩影，同时，也反映了某个时代和地域在政治、经济、文化上的最高成就，是一批长期积累起来的历史文化遗产。为了保护这些具有历史、艺术、科

[①] 中共中央党校网站，http://www.ccps.gov.cn/xtt/201906/t20190608_132173.shtml。

学价值的文化遗产，在工业化进程中，许多国家都采取了保护政策，做好规划加强保护，有的专门为之立法。苏联在1949年公布了历史名城名单，把这些城市置于建筑纪念物管理总局的特殊监督之下。日本于1971年发布了《关于古都历史风土保存的特别措施法》，对历史文化名城加强了保护。欧洲各国、美国也在保护历史文化遗产方面做出了很大的努力，意大利的威尼斯基本保持了原来的风貌；法国巴黎旧城区基本保存了原有的布局；美国恢复了18世纪殖民地时期的古镇威廉斯堡的风貌。从1982年开始，按照历史和自然文化特征，中国历史文化名城主要分为七类。(1) 历史古都型：都城时代的历史遗存物、古都的风貌为特点的城市；(2) 传统风貌型：保留了一个或几个历史时期积淀的完整建筑群的城市；(3) 一般史迹型：分散在全城各处的文物古迹为历史传统主要体现方式的城市；(4) 风景名胜型：建筑与山水环境的叠加而显示出鲜明个性特征的城市；(5) 地域特色型：地域特色或独自的个性特征、民族风情、地方文化构成城市风貌主体的城市；(6) 近代史迹型：反映历史上某一事件或某个阶段的建筑物或建筑群为其显著特色的城市；(7) 特殊职能型：某种职能在历史上占有极突出的地位的城市。截至2019年，中国已核定了135座国家历史文化名城，这些名城遍布全国各地，其中有不少名城兼有以上7项特征中的多项。中国历史文化名城依照管理级别分为两级：(1) 国家历史文化名城，由国家文物行政管理部门会同建设部门报国务院核定公布；(2) 省（自治区、直辖市）历史文化名城，由省、自治区、直辖市人民政府审定公布。同时，截至2019年，国家级历史文化名镇、名村也审定了7批；仅2019年，历史文化名镇上榜60个、历史文化名村上榜211个。由此，我们有理由相信，近40年来创建名城、名镇、名村，特别是历史文化名村的建设对乡村历史面貌与农村民俗文化的保存做出了极大的贡献，近几十年来历史文化名村建设的经验，不仅为中国的乡村振兴在历史脉络与文化基因上做了很好的保护，而且为乡村振兴、农业现代化积累了丰富的经验。

在梳理中国农业、农村现代化的过程中，"特色小镇"的建设虽然时间短，但是，其经验值得总结。

第一个提出"特色小镇"概念的是浙江省。2014年10月，浙江省时任省长李强首次公开提及"特色小镇"，且在特色小镇的建设上，浙江也走在了全国的前列，并在一定程度上起到了"先行先试"的作用，为国家制定特色小镇相关规范做出了"样板"。2016年10月10日，浙江省公布第一批共37个省级特色小镇的创建名单，并出台了一系列相关规定和推进办法。

2016年7月，《住房城乡建设部 国家发展改革委 财政部关于开展特色小镇培育工作的通知》（建村〔2016〕147号）发布。2016年8月，住房和城乡建设部（以下简称住建部）单独发文《关于做好2016年特色小镇推荐工作的通知》（建村建函〔2016〕71号）。这两个文件，在全国范围内吹响了特色小镇建设的号角。2016年10月，住建部公布第一批127个中国特色小镇名单，一下子点燃了地方的激情。各地申报特色小镇如火如荼，并相继出台了各地方的扶持政策和激励办法。

2016年10月，国家发展和改革委员会也单独出台了《关于加快美丽特色小（城）镇建设的指导意见》（发改规划〔2016〕2125号），在特色小镇的基础上增加了"美丽"这一特别要求。

2016年10月，中央财经领导小组办公室、国家发展和改革委员会、住建部联合召开特色小（城）镇建设经验交流会，为特色小镇建设再添一把火。2017年7月，住建部公布全国第二批276个特色小镇名单。

特色小镇的概念更多的是基于浙江的先行经验提出来的。国家非均衡发展战略的背景，导致打造区别于行政区划上"镇"的概念的片区型特色小镇在东部沿海发达地区才更容易实现，而在经济基础较弱的地区，同样也有一批产业、生态、文化特色很鲜明的小镇，它们的特色小镇之路首先应基于行政区划中"镇"的概念来进行塑造。

从特色小镇内涵的角度看，特色小镇的着力点在于"特色"，特别是本地特色资源的打造，具体来说指发扬小镇的经济、生态、文化方面的特色，杜绝"千镇一面"。从长远发展来看，基于地方特色而塑造的小镇将成为更符合新型城镇化要求的主题空间和促进就地城镇化的主战场，是为地区风貌建设、经济发展、特色强化、人民乐业起支撑作用的基础点。

从经济发展的角度看，特色小镇在经济上均是各个地区当下的重点投资对象，是其所在地区的特色产业中心和人口集聚地，对发达地区产业的进一步升级优化，欠发达地区的产业联动和深入发展而言，均是能起到促进作用的重要平台。

从产业发展的角度看，在东部沿海地区经济发达背景下提出的特色小镇概念，主要的着力点在于优化产业链构成并完成产业链升级，进一步扩大外延并提升效益，但对于经济欠发达地区的特色小镇而言，则以优化产业链结构，打造完整的产业链体系，创造更多的就业机会，留住大量流失的劳动力为主。

从文化发展的角度看，特色小镇均重在挖掘地方的独特文化并加以保护和利用，形成独具特色的文化名片，最终融入地区产业链，实现共同发展。

综上所述，在 40 多年的时间里，中国乡村建设与振兴经历了一个由点到面、由局部向全局拓展的过程。乡村振兴战略的实施与近年来乡村在建设历史文化名村乃至特色小镇方面的实践有着很大的关系，是对这些实践的总结与升华，并将地方的成功经验推广到更大的区域，成为中国广大乡村建设的有益借鉴。以下以浙江水乡乌镇、福建闽东屏南为例，说明中国在实施乡村振兴战略中发展文化创意产业的实践及意义。

二 特色小镇经验分析

（一）得益于顶层设计的独特乌镇

乌镇的经验在三个层面上极具代表性。第一，赶上了中国几乎所有的建设新农村的机会；第二，专属于乌镇的历史与文化的活化；第三，一个有情怀的掌舵人与一张有远见的顶层蓝图共同造就的成果。

从第一个层面来看，有一组数字可以说明乌镇与近年来中国乡村文化、历史文化建设的密切关系。乌镇是首批中国历史文化名镇、1991年被评为浙江省历史文化名城，1998年，在联合国遗产中心亚太区主任的建议下，浙江的乌镇、南浔、西塘与江苏的周庄、同里、甪直筹备以"江南水乡古镇"的名义联合申报世界文化遗产。1999年春节，乌镇西栅的一场大火烧毁了13座老房子，万幸的是这开启了乌镇的保护性修建工程。2001年4月，江南六大水乡古镇被列入《世界遗产预备清单》。2001年，在浙江乌镇举行了《江南水乡古镇》特种邮票首发式，邮票一套六枚，浓墨淡彩，匠心独具，一枚一个古镇。10月，APEC会议在江苏周庄开了半天的会，让全世界见识了江南水乡古镇的风情。11月，江浙两省正式将申遗文本上报建设部。2006年，乌镇被列入联合国世界文化遗产保护预备清单。2014年11月19日，乌镇成为世界互联网大会永久会址。2018年2月28日，由苏州牵头，苏州的甪直、周庄、锦溪、沙溪、同里、黎里、震泽7个古镇，与无锡的惠山镇，浙江的乌镇、西塘，以及上海的新场，共11个古镇一同联合申报世界文化遗产。江南水乡古镇是我国江南水乡风貌最具代表性特征的地区，以其深邃的历史文化底蕴、清丽婉约的水乡古镇风貌、古朴的吴侬软语民俗风情，在世界上独树一帜，是长三角经济社会可持续发展的文化资源、品牌优势。

从这一组数字中，我们可以看到乌镇的建设与时代的发展紧密相关。

第二个层面是属于"乌镇崛起"的独特轨迹。从 20 世纪末开始筹备的六个"江南水乡古镇"申遗到 2018 年扩展到 11 个镇联合申报世界文化遗产，经过近 20 年的文化凝练与探索，乌镇"江南水乡古镇"的文化内涵更加准确与丰满。在我国长江下游、太湖以东直至东海海岸地区的低洼地带，受到地质时期海平面上升、海侵、陆地沉降与河流冲积等自然力的影响，形成了一片湖荡密布、河流交错的水网密集区域。对这种气候潮湿、几近湿地的环境因素，该区域的人民不断与大自然形成有效的对话，开展了一系列对环境改造的工程，其中最具代表性的便是"塘浦圩田"系统的开发。"塘浦"通过深挖的水道来排干湿地内的水分，将陆地划分为一个个可供耕作的"圩田"，塘浦在系统中起到排水、泄洪、灌溉等多重作用。圩田系统具有便利的灌溉条件和肥沃的土壤，它的出现为江南地区的人居与生产提供了极佳的环境，不仅给当地粮食作物与经济作物的大量生产提供了可能性，也使得中国由北而南的大运河有了更大的意义。明初，为治理淤塞的吴淞江水系，更多的人工河道被挖掘出来，进一步提高了江南水乡地区的塘浦密度，河道四通八达，不仅连接起几乎所有的村庄聚落，而且河道内的水也变浅、流速更缓，这些都为水运交通提供了便利的条件。位于河道交叉口等优势区位的村庄则成为商品交易与人员交往的主要场所，形成了较小的"市"或者较大的"镇"。最终在明清之际，该区域成为全国经济最为发达的区域，有了"江南水乡"的美称。

正因为如此，"江南水乡"无论在自然环境、建筑风格、生产与生活方式上都有着极大的同质性。乌镇是如何找到属于自己的独特禀赋的呢？其实，从文化的总体战略上，乌镇使用了"历史街区的再利用"；而从细节上则是从"历史与文化的活化"方面入手。在乌镇，最出名的西栅是个"再造"的历史街区，这是一个公认的事实；但是，重点在于就地再造。再造时，不仅将工业化时代的管网设施一次性地"隐入"数百年前的水乡街巷之下;而且,迁出与传统水乡风格不协调的建筑;再者,补上由于年代久远而毁坏的街道桥梁等设施;在此过程中,保证所有材料在风格上与总体建筑风格同质,因此,这是复原了清末的乌镇。如果说,传统街区的再造是可复制的;那么,在乌镇出现的历史与文化的活化则是专属于乌镇的轨迹。

2001年,乌镇率先恢复了"香市",2019年,已举办了19届的中国·乌镇香市——江南水乡狂欢节。农耕时代,蚕农每逢清明和谷雨时节都要祭蚕圣、到寺庙上香,香客云集,由此形成"香市"。有民谣云:"三月三,庙门开,乡下蚕娘出门槛,东亦逛、西亦颠,轧朵蚕花回家来……"现在乌镇的香市则是民俗体验旅游节。香市分为水上集市和岸上集市。水上集市是随着水乡古镇特有的水阁风貌和充沛的水系应运而生的。岸上,是乌镇当地的非遗传承人带来的非遗展示,扎花灯、茧子画、蓝印花布、糖画、竹雕、木雕等非遗技艺或产品让人应接不暇。如今,"乌镇戏剧节""乌镇国际当代艺术邀请展"等活动在乌镇这座江南小镇初具规模,每年吸引着大量游客前往乌镇进行文化之旅;"世界互联网大会"在乌镇落户后,这个有着千年历史的文化古镇也越来越吸引国际目光的关注。

第三个层面,今天的乌镇是一个有情怀的掌舵人与一张有远见的顶层蓝图共同造就的成果。1991年被列为浙江历史文化名镇的乌镇意外地在1999年初被一场大火毁掉了13座老房子。该事故促使乌镇开启了古镇保护和旅游开发工程。乌镇有幸等到了乌镇子弟陈向宏。陈向宏1963年出生于乌镇,后来他成为乌镇景区的总规划师、设计师及总裁,2002年获"中国旅游界十大风云人物"称号,是中国传统村落革新与乡村旅游的代表性人物。1999年,36岁的陈向宏是桐乡市政府办公室的主任。乌镇西栅大火发生后,陈向宏转任乌镇古镇保护与旅游开发管委会(以下简称乌镇管委会)主任。这个有情怀的乌镇子弟把乌镇变成了实现梦想的乌托邦。当时的情况不乐观，乌镇管委会只有15万元开办费、一辆车以及政府拨付的1300万元公司股本金，没有办公地点，没有工作人员。强烈的事业心可能是一种原动力。陈向宏的情怀使他谨慎地对乌镇进行了顶层设计与规划。

第一阶段，实现小镇整体风貌的一致，将乌镇建设成观光小镇。在乌镇开发保护一期工程——东栅景区，由乌镇管委会直属的乌镇旅游股份有限公司"收购"了小镇，小镇居民搬离原居所。所有与百年前风格不协调的建筑都被拆除。2000年乌镇旅游一经开放，展现在异乡人面前的就是一个农耕时代的江南水乡，支撑乌镇的文化内核就是"香市"的恢复。

第二阶段，将乌镇建设成古镇风情、现代生活的度假小镇。在乌镇开发保护二期——西栅景区的改造中，既要复原具有当地特色的织染、酿酒、缫丝、制酱等手工作坊，更要铺建管道煤气、建立直饮水厂、搭建无线网络等现代化设施，让游客在农耕风貌的民宿和景区内同样享受工业化、信息化社会的便捷。这种差异性的创造放大了游客的浸入式体验感受，成功地推动了单纯的游客向度假客人的转型。

第三阶段，以"文化"为最重要的差异基础，将乌镇打造成文化小镇与国际小镇。2000年，第五届"茅盾文学奖"颁奖仪式首次回到茅盾的家乡乌镇。之后，中国作家协会宣布将乌镇作为"茅盾文学奖"的永久颁奖地。2013年，乌镇大剧院通过竣工验收，首届"戏剧节"华丽落幕，乌镇拥有了"国际范儿"。2014年，首届"世界互联网大会"在乌镇召开，并永久落户，也让乌镇在极短时间内成为世界关注的焦点。2015年，木心美术馆竣工，每年策划多场世界各国著名文学家、艺术家特展。此外，国际品牌发布会也不断亮相乌镇，乌镇通过开拓戏剧、当代艺术、建筑等文化IP拓展旅游产业空间。从文化入手，打造属于自身的独特文化IP矩阵。

乌镇从观光型到度假型，再到文化型，正是凭借文化引擎，重新恢复了生命力。从文化创意产业的角度看，乌镇成功的核心是以文化资源的差异性为出发点，不断注入新鲜文化基因，生成商业模式，形成竞争壁垒。换言之，乌镇是在保护优秀的历史文化遗产的基础上，利用产业特色和集聚效应，迎合时代特点，借助特色文化包装，以游客的旅游体验为基础，将产业规模化，促使商业营运良性循环，不断焕发新的活力。

"乡愁不是记忆，乡愁是一个宜居宜生产的真实写照，不能光留在记忆。新农村的新不是新，是改变，传统生活方式和变化结合，走乡村可持续发展道路这才符合民生。"——这是陈向宏在2015首届"中国古村大会"上讲的一段话。管理乌镇旅游近20年，陈向宏自己动手画了几千座房子，把乌镇从一个日趋衰落的江南小镇，发展成为全国旅游收入最高的景区之一。从另一个层面来说，陈向宏的事业与名望的成就更是对众多后来者的一个借鉴，他的成功也可被看作体制进化的一种体现。

（二）福建闽东屏南的乡村振兴之路——"人人都是艺术家"

在近年来的乡村振兴实践中，不同区域出现了多个能够从本土历史文化资源与现实条件出发，并取得不俗成就的典型乡村，但是，不可否认，也有不少生搬硬套、粗制滥造的案例。我们看到，如乌镇这样能够从顶层进行规划，有计划、有步骤，且有一个领头人愿意花费近20年时间来经营的案例仅仅是一部分。在中国广大的地区，更多的是没有"显性"的历史文化资源且被工业化边缘化的乡村。近年来，这类乡村走出了不同于乌镇的、自己的发展道路。以地处福建闽东北区域的宁德市屏南县熙岭乡龙潭村为例，它就走出了与乌镇不同的乡村振兴道路，形成了自己的经验。宁德市屏南县属于内陆山区县，处于北纬26°44′~27°10′、东经118°41′~119°13′。清雍正十三年（1735）因"辖域辽阔，政务管理鞭长莫及"，从古田县分县而治，县治立于翠屏山之南、双溪之汇处，因而被称作"屏南"。屏南建县后，属福州府。1971 年，原福安专署驻地迁往宁德，遂改称宁德地区，屏南县属之。屏南地处闽东北内陆与海洋的重要通道上，境内至今保留着几段较为完好的"茶盐古道"以及较多的木拱廊桥，是闽北以"茶"为代表的农作物和沿海以"盐"为代表的海产品交易的通道。作为重要的连接"山"与"海"的区域，屏南这个省级贫困县保留了内陆与沿海诸多的传统文化要素，这些要素至今仍然是当地普通人民的生活方式。

地处熙岭乡的龙潭村曾经是闽东北驿道交通网络上的一个"大村"龙潭里。南来北往的官差、商旅、僧人等各式人物经常在此打尖、休整，喝几口龙潭老酒、品一出"四平"戏曲，还要准备再出发的各式"行头"。近 70 年来，虽然公路代替了"羊肠"驿道，但龙潭村只有一条 20 多公里的泥土公路与县城相连；到了 20 世纪 80 年代，这个村还有 1400 多人口。龙潭村同中国很多乡村一样，变成一个交通闭塞的留守山村是 20 世纪 80 年代以后的事。2017 年前，村子仅余 200 多人留守，如今龙潭村成为小有名气的"网红村"，以另一种面貌恢复了往日的生机：村里古厝修复一新，村中逐渐恢复人气：公益画室、四平戏博物馆、黄酒博物馆等焕然一新，这些院落既保存了传统风格，又融入现代气息；而这一切还在持续中。从留守山村到网红村，龙潭村是如何做到的呢？

1. 虽然起步晚，但发展快

龙潭村的改变起步于 2017 年，在屏南县传统村落文创产业项目的推动下，龙潭村开始实施文创产业助力乡村振兴战略：引进文创和专业设计人才，组建民间工程队，先后对 60 余栋古宅进行重新设计和修复。似乎只有一个愿景，那就是乡村振兴；龙潭村没有大笔的资金投入，也无法做到有一张可供施工的顶层蓝图。地方政府将乡村公路拓建成等级较高的柏油路。村委会动员原村民将一座座荒芜的老宅整理好，"变废为宝"，"慕名而来"的"文艺人"开始"认领"租赁老宅，认租 15 年，在保留夯土墙、黛瓦木构的传统面貌的前提下，认租者用自己的文创能力使其破茧重生，或化为书吧、工作室、民宿，或变身为咖啡屋、音乐厅、美术馆等。不少外来的"文青"艺术家、文创人员由游客变身为新村民。同时，龙潭村还通过"人人都是艺术家"文创项目，教授村民拿起画笔进行油画创作，使其世代为农的生活转变为"文创"生活。龙潭村既保留着传统山村的神韵、宁静，又能够享受现代社会带来的生活便捷与多样化。龙潭村吸引外出的村民返乡创业，推动了乡村旅游的发展，自2018年开始，每年有近10万人前来观光，两年前还沉寂的古村，迎来了"复兴"。"认租15年"这一运作机制是当地政府的一大"创举"，旨在吸引新村民出资修缮古民居。谁租房谁修缮，村委会代租代建，签订15年合同，在15年内每年每平方米只收3元租金。两年来，龙潭村有32栋古民居采取了这种做法，吸引了来自英国及中国香港、北京、南京、重庆、上海、杭州、厦门等地的100多人落脚，承租修缮古民居，并长期定居。在龙潭村，这些新村民有一个人认领两栋老宅的，也有几个人认领一栋老宅的，更有拖家带口老中青三代集体迁入三合院的，度假、养生、就业、创业的都有。大伙儿对于未来生活的设计和打算不尽相同，唯独在一点上高度一致，即对精神生活的渴望远大于对物质的欲望。他们对世俗的成功并不认同，但他们又希望按照自己的意愿去生活。龙潭村无疑为他们提供了一个可以安放自己心愿的美妙空间。

2. 充分利用互联网的优势

能够在短短两年左右的时间里，使一个传统的、影响力小而且相对被边缘化的小山村发展成为有一定知名度的"网红"村，依靠的就是互联网的力量。在互联网时代，从各地来参加"人人都是艺术家"公益艺术学习的每个成员都是一个传播员，以此吸引越来越多的人向屏南集聚。其中，不少学画者选择成为屏南的新居民；还有一部分新村民虽不属于油画圈，却因为朋友圈的蝴蝶效应被吸纳进来，成为一分子。曾供职于《财经》《南方周末》的著名记者吴阿仑以及他的微信公众号"报大人"是一个较为典型的例子。

2016年，一个偶然的机会，吴阿仑在网上看到了"人人都是艺术家"活动的主持人林正碌的故事，强烈的好奇心和认同感促使他从北京驱车几千公里来到屏南县另一个古镇双溪。原本计划10天的旅行，一推再推变成了6个月。吴阿仑在这个深山小镇里，整整待了180天，每天写一篇散文记录他在这里的所见所闻。因为吴阿仑的作品，当年，林正碌和双溪古镇热度大增，上至中央电视台，下到屏南当地媒体，纷纷报道了林正碌所坚持的公益教学事业和他那"人人都是艺术家"的超前理念。2017年，林正碌将龙潭村开辟为另一个文创基地，吴阿仑也紧跟而来，并在龙潭村"认养"了一座古宅，将其改造为书屋"豹舍"与写作训练营。"日更一文"记录着自己在龙潭村的点滴与感悟，引来了不少的同道中人。

同样，互联网的便捷不仅使这些文化人依然处于"中心"——只要他们依然有文字、图片与声音传递出来，他们就不会因为空间的改变而与文化圈剥离，反而多了几层身份：民宿业主、网络卖手，等等，更不用说拥有了他们自己看重的安静、富氧与可以自由支配的时间。互联网不仅让龙潭村成为"网红"村，也使得龙潭村的新村民享受着互联网的最大红利。

3. 一批文创人的努力

龙潭村的变化是一群人良性互动的结果，屏南各级领导、老村民与新村民，在一定层面上都是"文创人"。新村民的领头人是林正碌，2014年，林正碌来到屏南考察，发现在闽东偏僻的大山间珍藏着大批保存完整的古村落，几乎没有思考，第二年林正碌就将画室搬到了屏南。2015年，林正碌和他的团队到福建屏南，陆续在漈下古村、双溪古镇开展了"人人都是艺术家"的公益艺术教学活动。有了文创扶贫的成功经验之后，受当地政府的委托，林正碌将成熟的"人人都是艺术家"扶贫公益艺术教育与整体的乡村振兴结合在一起，有了龙潭村"定居15年"的项目。在中国，林正碌是最早涉足行画生意的商人之一，也是最早把行画做成文化产业的商人之一；用网络语言就是自带流量的大IP。他的慧眼识珠与谋划带来了大量像"报大人"一样的文创青年，更是引来了来自天南海北的对绘画有梦想的人。由周润发主演的电影《上海滩》的中国香港导演招振强，把电影这一高大上的工作室搬进了龙潭村，立志完成他的平民电影梦。文创学者曾伟夫妇，辞掉城里的工作，扎进山里当乡村教师。最让他们开心的是小学的孩子从7个发展到30多个，老师也增加到9个，总算能分开年级科目教学了。复旦大学的美术系教授，百万粉丝的自媒体人，浪迹天涯的自由职业者……看起来并无交集的人们，不约而同地在这里安了家。如今，从世界各地慕名前来学画或者拜访林正碌的人络绎不绝，每天停留在这里的外地人有数百人：有从事写作的文字工作者，有从事民歌教学的藏族老师，有从事建筑设计的工程师，他们或短居或常住，在这里寻找创作灵感。和城里的绘画机构不同，在屏南的这几间画室里，乞丐和企业家可以相邻而坐，探讨绘画技巧；不识字的农村妇女可以画出一幅栩栩如生的乡村炊烟图；曾经想过轻生的残疾人，笑语盈盈地对未来充满希望……

大城市的"文青"们来到龙潭村后，绝大部分人的财务状况比原本在城市里工作时还要好一些。"除了卖画，闲暇时候也会帮忙做一些本地农产品文创开发工作，另外还有经营民宿以及为美术教育平台策划、承接游学活动得到的收入。简单来说，就是收入渠道跟种类增加了，生活开支降低了，而且生活更优质，做事情效率更高。"这是龙潭村新村民的典型感受。如果从"斜杠青年"对当下年轻人倾向于选择多重职业、身份和多元生活方式的解读来看，龙潭村的年轻人个个都是"斜杠青年"。作为项目策划者的林正碌认为，传统工业思维无法振兴乡村，新经济思维比工业思维灵活得多，它允许人们用最低的成本投入优化资源、连接资源。前提是一个人必须摆脱之前的体系，活出自己的体系。这背后又牵扯出生命认知的转换。他认为，当下的人们有必要意识到特定技能、特定产品、特定产业模式都无法免于被淘汰的命运，只有从生命本身的独立性、从相信自己的可能性这两点出发，人们做出的选择才是最恰当的。

原村民在这股乡村振兴的浪潮中不仅经济上获益，更重要的是改变了原有的思维与境界。"文创团队的植入，是通过艺术家的眼睛发现被我们忽视的遗产价值，也通过艺术家的思维拓宽村民的发展思路。"龙潭村村委会主任陈孝起说，随着新村民们来到龙潭村，老村民们在思想和生活上发生了很大的变化。人来了，村活了，业兴了，古村里的新生活悄然开启。村里休闲旅游业火了——节假日游客爆满，周末常常一房难求；村民开的四个农家菜馆门口经常排起长龙；农副产品卖得红红火火。

龙潭村的这些发展，离不开屏南县各级政府政策的支持，以及一群政策的执行者。据了解，屏南县对文化创意产业起到引领作用或发挥重要影响的艺术家，给予资金、设备的支持，对取得重大成效的给予奖励；对长期在屏南驻村从事文化创意产业的艺术家、工作室，并能产生一定带动作用的，给予1~3年的房租补贴。先引精英再引资金，为了留住"新村民"，龙潭村两委从小处入手，给他们发放居住证，让其有身份的归属感。来自英国的定居者布莱恩感慨地说："我去过世界许多地方，我觉得这里的生活最和谐！"

作为屏南最早开启乡村活化实验的试点，龙潭村只用了不到两年时间募集人员、整合资源，而它的变化之大，却是肉眼可见。这场乡村振兴实验的核心是一个名为"认租15年"的驻村体验计划，由林正碌提出。按照他的设想，以龙潭村为首，屏南县的多个传统村落将逐一面向外来艺术家及创客开放驻村生活体验。体验者可以按照每年每平方米3元的价格交纳租金，租住空置民居15年，通过改建、修缮，将其变为适宜个人生活、创作的空间，或可考虑以咖啡馆、民宿、文创商铺的形式对外营业，丰富村落旅游资源及产品业态。至于体验者所交纳的租金，由村里的文创小组统一管理，日后再度投放到基础建设及文化软实力建设中，目标是让村落不断更新，成为艺术爱好者们乐意久居的地方。

文创引领，政策资金全要素保障，屏南古村振兴的精彩画卷还在徐徐展开中。

中国多样性的文化、广袤的空间为文化创意产业的发展与集聚提供了足够多的实验场。在不长的时间里，既有如乌镇版的大规划、大资金、大项目的经验，也有如屏南龙潭村这种使得游客变居民的新农村样板。未来，一定还有诸多成功的文化创意产业和乡村振兴形态出现。

图书在版编目(CIP)数据

文化创意产业：理论与实务／苏文菁著．－－北京：社会科学文献出版社，2020.9（2025.7 重印）
 ISBN 978-7-5201-6672-0

Ⅰ.①文… Ⅱ.①苏… Ⅲ.①文化产业-研究-中国 Ⅳ.①G124

中国版本图书馆 CIP 数据核字（2020）第 083331 号

文化创意产业：理论与实务

著　　者 / 苏文菁

出 版 人 / 冀祥德
责任编辑 / 陈凤玲

出　　版 / 社会科学文献出版社・经济与管理分社（010）59367226
　　　　　　地址：北京市北三环中路甲 29 号院华龙大厦　邮编：100029
　　　　　　网址：www.ssap.com.cn
发　　行 / 社会科学文献出版社（010）59367028
印　　装 / 唐山玺诚印务有限公司

规　　格 / 开　本：787mm×1092mm　1/16
　　　　　　印　张：12.25　字　数：163 千字
版　　次 / 2020 年 9 月第 1 版　2025 年 7 月第 5 次印刷
书　　号 / ISBN 978-7-5201-6672-0
定　　价 / 88.00 元

读者服务电话：4008918866

版权所有 翻印必究